뚝딱뚝딱 배우는

엑셀 2016

이 책의 구성

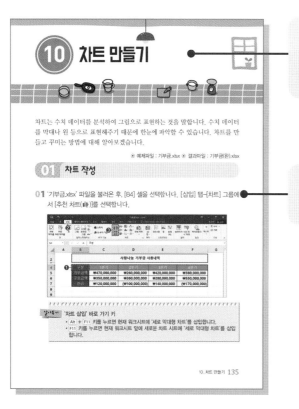

마당 : 알아두어야 할 주요 기능을 선정하여 제시합니다. 쉽고 빠르게 익힐 수 있도록 필수 기능들만 뽑아서 구성하였습니다.

필수 내용 : 용어나 기능에 대한 기초적인 내용을 중심으로 쉽게 구성하였습니다.

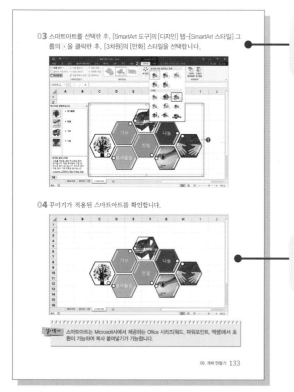

핵심어 강조 : 중요한 핵심어를 강조함으로써 빠르게 파악할 수 있습니다.

큰 글씨와 큰 그림 : 초보자들을 위해 눈이 '탁' 트이는 큰 글씨와 큰 그림으로 구성하였습니다.

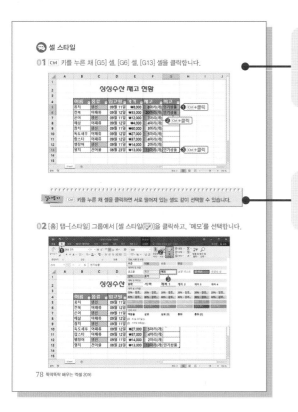

따라하기 : 단순히 이론만으로 설명하지 않고 따라하기 방식을 조합하여 쉽게 배울 수 있습니다.

알아두기 : 본문에서 다루지 못한 내용을 추가적으로 설명하였습니다.

활용 마당 : 각 마당에서 배운 내용을 복습할 수 있도록 응용 문제를 제공합니다.

목차(Contents)

01 엑셀 2016 시작하기

02 데이터 입력하기

03 행, 열 편집하기

01 엑셀 2016 시작하기

01 실행과 종료

💬 엑셀 2016 실행

01 엑셀 2016을 실행하기 위해 작업 표시줄에서 [시작(▦)] 버튼을 클릭한 후, [Excel 2016(x▤)]을 선택합니다.

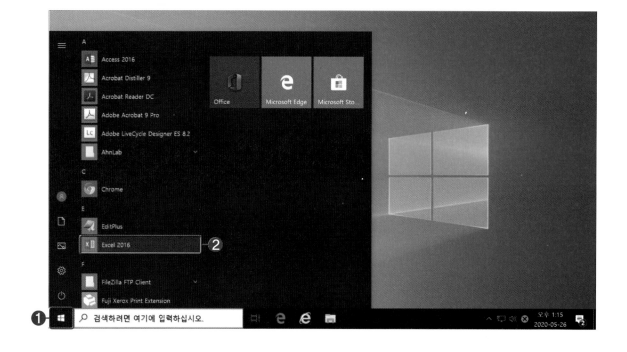

╋╋╋

알아두기 바로 가기 아이콘 이용하기
바탕 화면에 바로 가기 아이콘 [Excel 2016(x▤)]이 있다면 더블 클릭하여 실행할 수 있습니다.

02 Excel 서식 페이지가 나타나면 '새 통합 문서'를 클릭합니다.

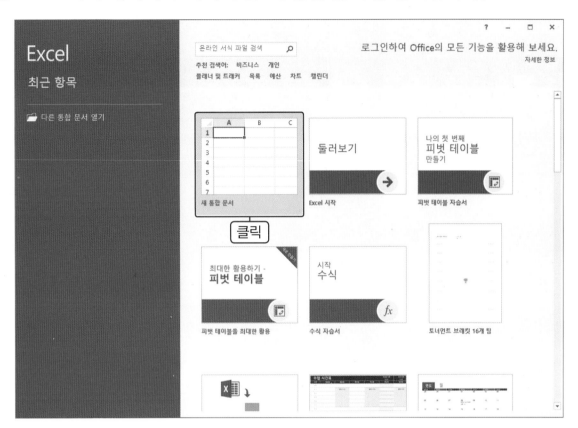

💬 엑셀 2016 종료

엑셀 2016 화면 오른쪽의 닫기(❌)를 클릭하여 엑셀 2016을 종료합니다.

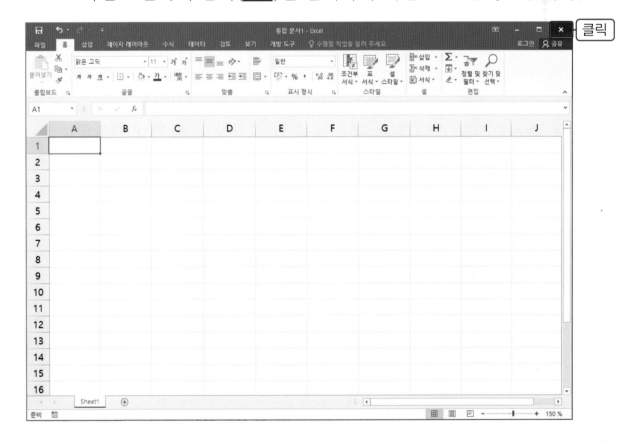

02 엑셀 2016 화면 구성

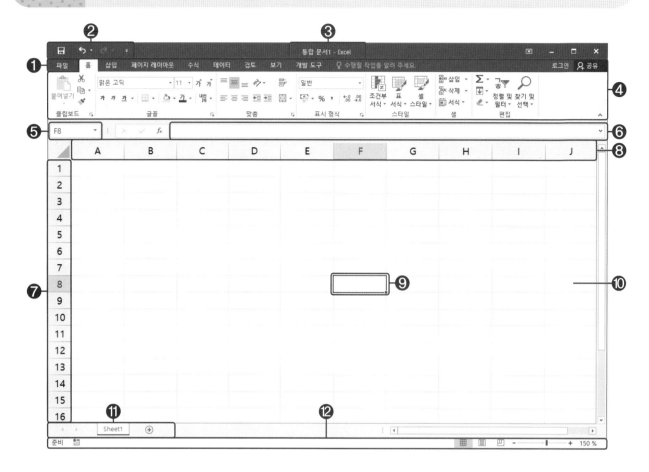

❶ [파일] 탭 : 엑셀 파일 열기, 저장, 인쇄, 공유, 옵션, 정보 등 파일을 관리합니다.

❷ 빠른 실행 도구 모음 : 자주 사용하는 도구를 빠르게 실행할 수 있게 아이콘을 모아놓는 곳입니다.

❸ 제목 표시줄 : 현재 작업 중인 문서의 제목을 표시합니다.

❹ 리본 메뉴 : 서로 관련 있는 메뉴들을 한 그룹으로 묶어 표시합니다.

❺ 이름 상자 : 작업 중인 셀의 주소나 이름이 나타납니다.

❻ 수식 입력줄 : 현재 셀에 입력한 내용을 표시하고, 데이터를 입력하거나 수정할 수 있습니다.

❼ 행 머리글 : 워크시트의 행을 구분하기 위한 번호로 1~1,048,576까지 숫자로 구성되어 있습니다.

❽ 열 머리글 : 워크시트의 열을 구분하기 위한 문자로 A~XFD까지 모두 16,384개의 열로 구성되어 있습니다.

❾ 셀 포인터 : 워크시트에서 작업의 중심이 되는 셀을 굵은 테두리로 나타냅니다.

❿ **워크시트** : 데이터의 입력과 편집, 서식 지정 등 문서를 작성하는 공간입니다. 셀들로 구성되어 있습니다.

⓫ **시트 탭** : 시트 이름이 표시되는 곳으로 시트를 추가하거나 이동 또는 삭제할 수 있습니다.

⓬ **상태 표시줄** : 엑셀 프로그램의 현재 상태가 표시되는 곳으로 보기 변경과 확대/축소 슬라이더를 끌어 화면의 수준을 변경할 수 있으며 데이터의 셀 범위를 지정하면 평균, 개수, 합계 등이 나타납니다.

알아두기 **Excel 옵션**
[파일] 탭-[옵션]에서 화면 설정 스타일을 변경할 수 있으며 글꼴, 글자 크기 등 사용자가 원하는 엑셀 환경을 재설정할 수 있습니다.

03 엑셀이란?

계산이 필요하고 표 형태의 데이터를 손쉽게 관리할 수 있는 프로그램을 스프레드시트(Spreadsheet)라고 합니다. 마이크로소프트사에서 만든 표, 계산, 수식 작성, 데이터 분석 등의 기능을 하는 스프레드시트(Spreadsheet) 프로그램이 엑셀입니다. 실생활에서 가장 많이 사용하는 오피스 프로그램입니다.

새로 만들기와 저장하기

💬 새로 만들기

01 [파일] 탭을 클릭합니다.

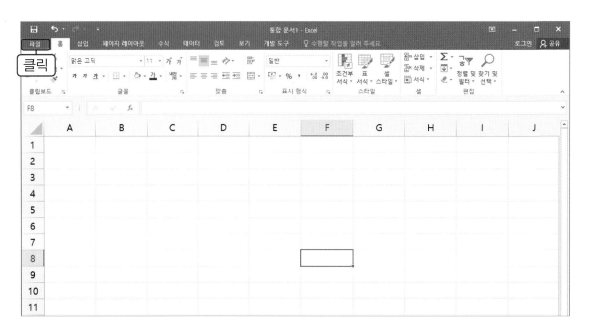

02 [새로 만들기]를 선택한 후, [새 통합 문서]를 클릭합니다.

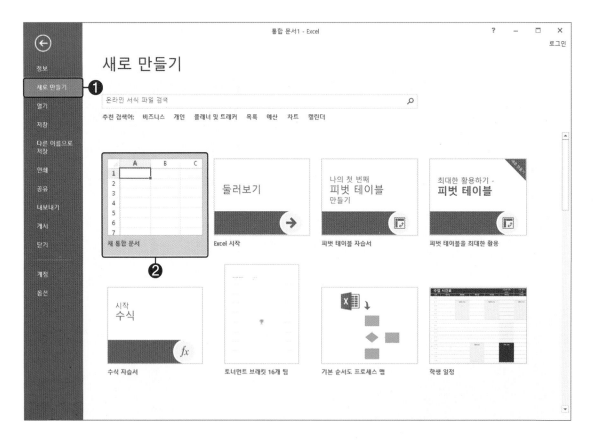

03 '통합 문서2'라는 새로운 문서가 나타납니다.

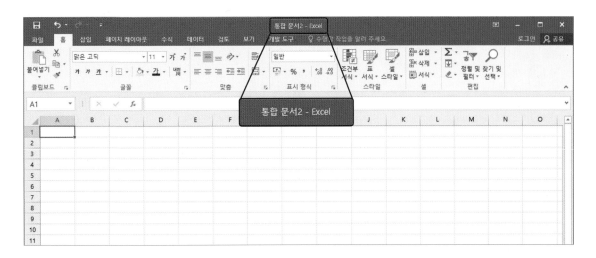

💬 서식 파일 다운받기

01 [새로 만들기]에서 다양한 서식 파일을 제공합니다. 여기서는 [학생 일정]을 클릭합니다.

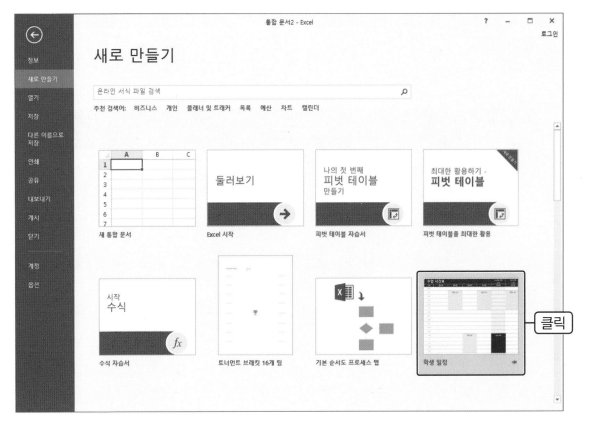

02 [학생 일정]의 공급자와 서식 파일에 대한 설명, 다운로드 크기 등을 보여줍니다. [만들기] 버튼을 클릭합니다.

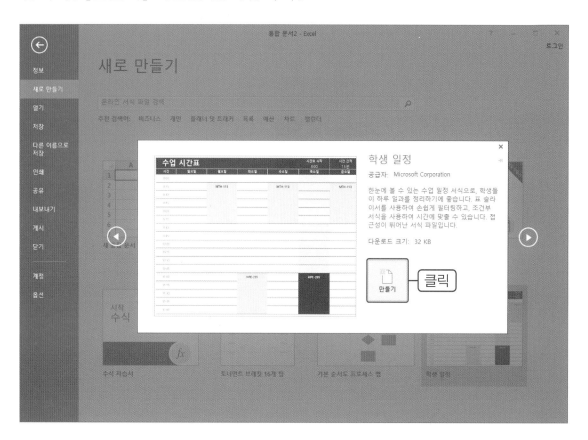

03 다운로드 받은 [학생 일정] 서식 파일이 화면에 나타납니다.

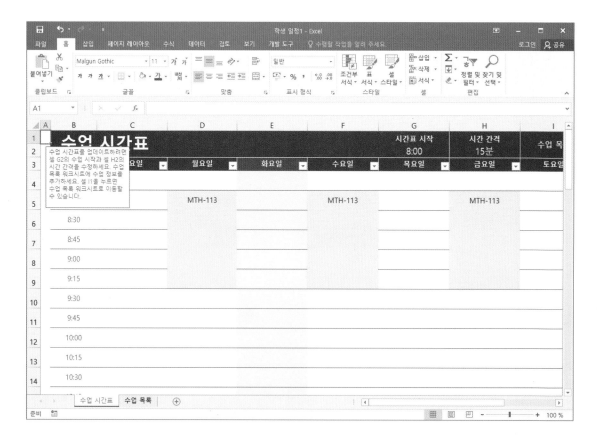

💬 저장하기

01 문서를 저장하기 위해 [파일] 탭을 클릭합니다.

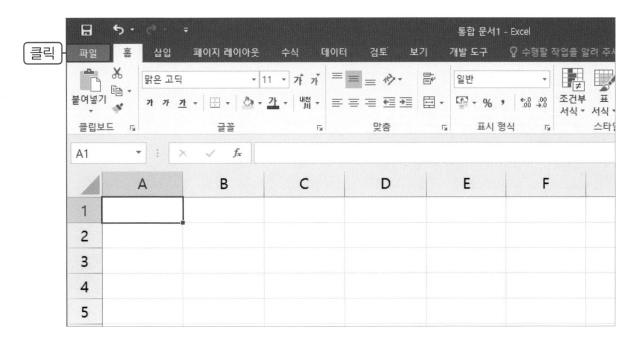

02 [다른 이름으로 저장]을 클릭한 후, [찾아보기]를 클릭합니다.

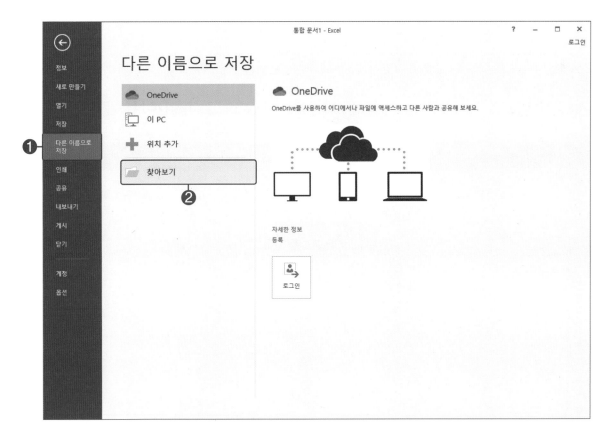

03 [다른 이름으로 저장하기] 대화상자가 나타나면 [문서]를 클릭하여 저장할 위치를 지정하고 [파일 이름]에 '테스트'라고 입력한 후, [저장] 버튼을 클릭합니다.

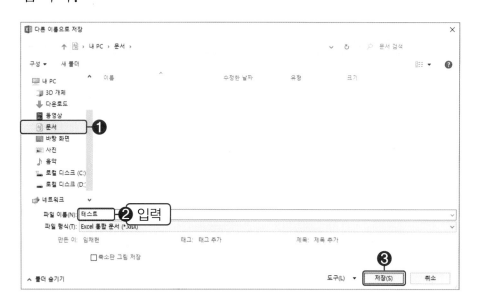

'**저장하기' 단축키와 바로 가기 키**
빠른 실행 도구 모음에서 [저장(📁)] 버튼을 클릭하거나 Ctrl 키를 누른 채 S 키를 눌러도 저장할 수도 있습니다.

04 저장이 완료되면 제목 표시줄에 '테스트.xlsx'라고 파일 이름이 표시됩니다.

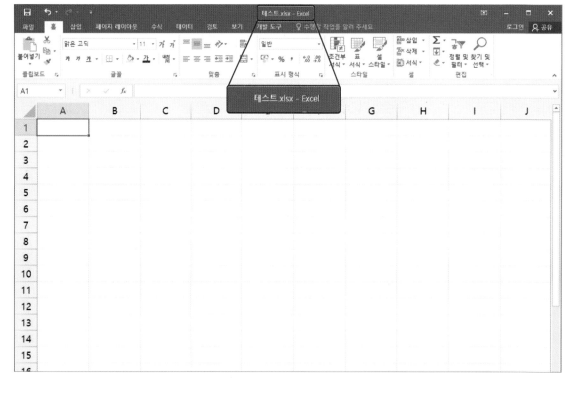

암호를 지정하여 저장하기

① [파일] 탭을 클릭하여 [다른 이름으로 저장]을 클릭한 후, [찾아보기]를 클릭합니다. [다른 이름으로 저장] 대화상자가 나타나면 [도구]를 클릭한 후, [일반 옵션]을 선택합니다.

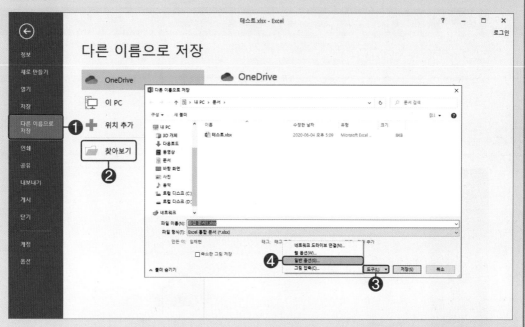

② [일반 옵션] 대화상자가 나타나면 [열기 암호]와 [쓰기 암호]에 '1234'를 입력한 후, [확인] 버튼을 클릭합니다. 이후 [암호 확인] 대화상자가 나타나면 암호를 반복하여 입력한 후, [확인] 버튼을 클릭합니다.

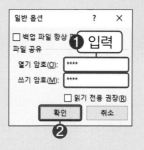 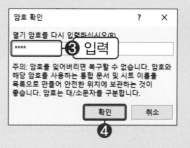 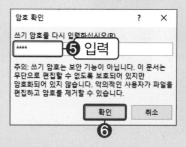

③ 암호 이름에 '암호 테스트'라고 입력한 후, [저장] 버튼을 클릭합니다.

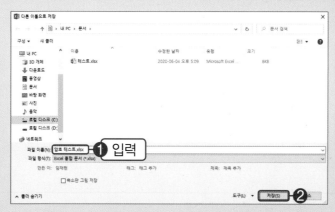

- **열기 암호** : 암호를 모르는 경우 파일을 열 수 없습니다.
- **쓰기 암호** : 암호를 모르는 경우 문서를 수정할 수 없습니다.

01 문서를 불러오기 위해 [파일] 탭을 클릭합니다.

02 [열기]를 선택한 후, [찾아보기]를 클릭합니다.

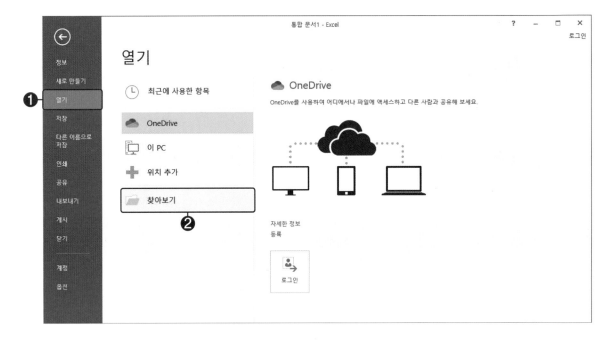

03 [열기] 대화상자가 나타나면 '테스트' 파일을 선택하고 [열기] 버튼을 클릭합니다. 테스트 파일이 실행됩니다.

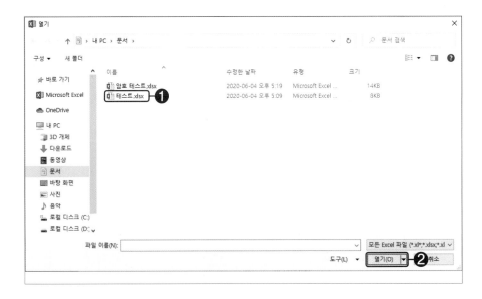

활용마당

1 엑셀의 구성 요소 이름을 적어봅니다.

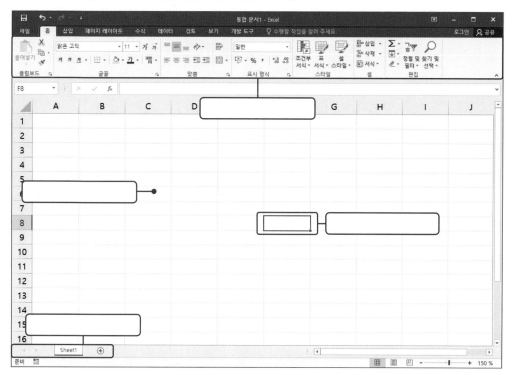

2 엑셀 프로그램을 실행한 후, '연습.xlsx' 파일로 저장해 봅니다.

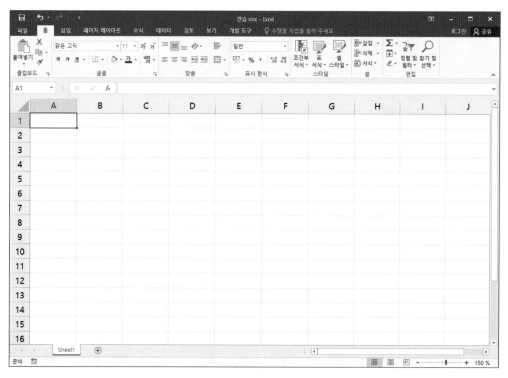

02 데이터 입력하기

한글, 숫자, 기호, 한자 데이터를 입력하는 방법과 자동 채우기 기능을 이용하여 연속적인 데이터를 입력하는 방법 등을 알아보겠습니다.

⊙ 예제파일 : 시대여행.xlsx ⊙ 결과파일 : 시대여행(완).xlsx

 문자, 기호 입력

💬 문자 데이터 입력하기

01 [파일] 탭–[열기]–[찾아보기]를 클릭하여 [열기] 대화상자에서 '시대여행.xlsx' 파일을 선택한 후 [열기] 버튼을 클릭합니다.

02 [B2] 셀을 클릭한 후, '시대여행'을 입력한 후, Alt 키를 누른 채 Enter 키를 누릅니다. 그림처럼 커서가 아래로 내려갑니다.

알아두기 **셀 주소**

셀을 구분하고 위치를 쉽게 알기위해 부여한 주소입니다. 열과 행의 머리글에 있는 문자와 숫자를 조합하여 [B2] 셀, [B3] 셀 등으로 표시합니다.

03 '판매현황'을 입력하고 Enter 키를 누릅니다. 2줄 이상 입력했을 경우 행의 높이는 자동으로 조정됩니다.

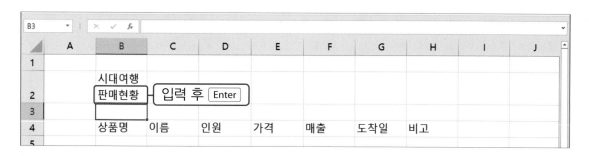

셀 편집상태에서 Enter 키를 누르면 다음 열의 셀로 넘어가고 Alt 키를 누른 채 Enter 키를 누르면 다음 줄로 넘어갑니다.

04 [B5] 셀을 클릭합니다.

05 [B5] 셀부터 [B8] 셀까지 차례대로 '제주도', '대마도', '금강산', '후쿠오카'를 입력합니다.

06 [B9] 셀에는 'New York'을 입력합니다. 키보드의 한/영 키를 누르면 한글과 영문 입력 상태를 변경할 수 있습니다.

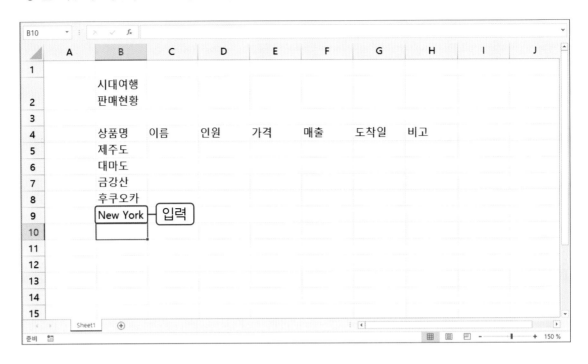

07 같은 방법으로 [C5] 셀부터 [C9] 셀까지 다음과 같이 문자 데이터를 입력합니다.

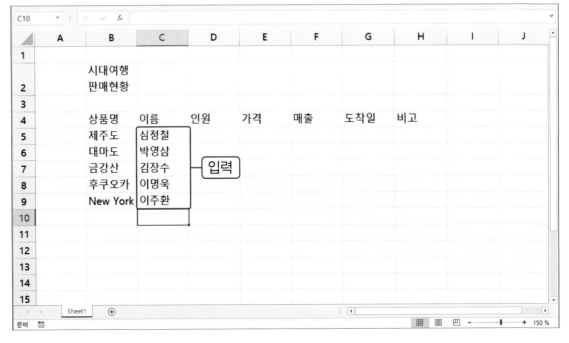

💬 기호 입력하기

■ 방법-1

01 '상품명'이 입력된 [B4] 셀을 더블 클릭합니다. 셀 편집 상태가 되면 '상'이라 적은 글자 앞으로 커서를 이동합니다. [삽입] 탭-[기호] 그룹에서 [기호(Ω)] 를 클릭합니다.

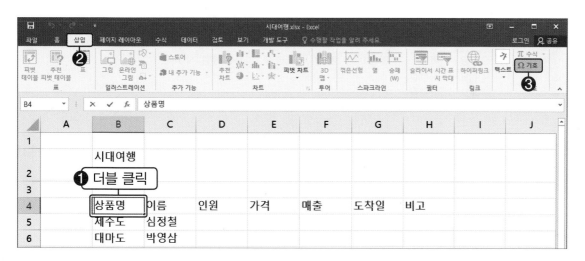

02 [기호] 대화상자가 나타나면 [하위 집합]에서 [도형 기호]로 설정합니다. 목록에서 '▶'를 선택한 후, [삽입] 버튼을 클릭합니다. 기호가 삽입되면 [취소] 버튼이 [닫기] 버튼으로 바뀝니다. [닫기] 버튼을 클릭합니다.

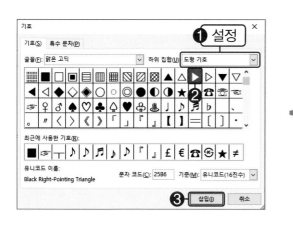 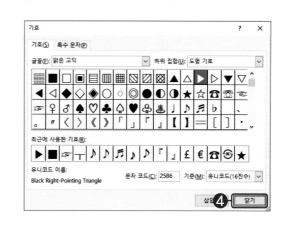

03 다음과 같이 기호 데이터인 '▶'가 입력됩니다.

■ 방법-2

01 '상품명'이 입력된 [B4] 셀을 선택한 후, F2 키를 누릅니다. 셀 편집 상태가 되면 방향키의 ← 키를 눌러 커서를 '상' 글자 앞으로 이동합니다.

02 한글 자음 'ㅁ'을 입력한 후, 한자 키를 누릅니다. 기호 목록이 나타나면 [보기 변경(»)] 버튼을 클릭합니다.

03 기호 목록이 나타나면 '▶'를 클릭하여 기호 데이터를 입력합니다.

02 숫자 입력

01 [E5] 셀에 '350000'을 입력한 후, Enter 키를 누릅니다.

	A	B	C	D	E	F	G	H	I	J
1										
2		시대여행 판매현황								
3										
4		▶상품명	이름	인원	가격	매출	도착일	비고		
5		제주도	심정철		350000					
6		대마도	박영삼							
7		금강산	김장수		입력 후 Enter					
8		후쿠오카	이명욱							
9		New York	이주환							
10										

02 [E9] 셀까지 다음과 같은 숫자 데이터를 입력합니다.

	A	B	C	D	E	F	G	H	I	J
1										
2		시대여행 판매현황								
3										
4		▶상품명	이름	인원	가격	매출	도착일	비고		
5		제주도	심정철		350000					
6		대마도	박영삼		240000					
7		금강산	김장수		330000	입력				
8		후쿠오카	이명욱		1250000					
9		New York	이주환		4400000					
10										

03 같은 방법으로 [D5] 셀부터 [D9] 셀까지 다음과 같은 숫자 데이터를 입력합니다.

	A	B	C	D	E	F	G	H	I	J
1										
2		시대여행 판매현황								
3										
4		▶상품명	이름	인원	가격	매출	도착일	비고		
5		제주도	심정철	4	350000					
6		대마도	박영삼	3	240000					
7		금강산	김장수	8	입력					
8		후쿠오카	이명욱	2	1250000					
9		New York	이주환	4	4400000					
10										

01 [D4] 셀을 더블 클릭하여 셀 편집상태가 되면, 한자 키를 누릅니다.

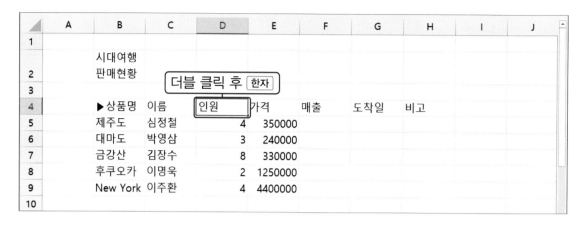

02 [한글/한자 변환] 대화상자가 나타나면 [人員]을 선택한 후, [입력 형태]에서 '한글(漢字)'를 선택하고 [변환] 버튼을 클릭합니다.

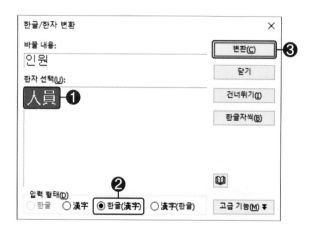

03 다음과 같이 '인원'이 '인원(人員)'으로 바뀐 것을 확인할 수 있습니다.

	A	B	C	D	E	F	G	H	I	J
1										
2		시대여행 판매현황								
3										
4		▶상품명	이름	인원(人員)	가격	매출	도착일	비고		
5		제주도	심정철	4	350000					
6		대마도	박영삼	3	240000					
7		금강산	김장수	8	330000					
8		후쿠오카	이명욱	2	1250000					
9		New York	이주환	4	4400000					
10										

04 날짜 입력

01 날짜 데이터를 입력하기 위해 [G5] 셀을 클릭합니다.

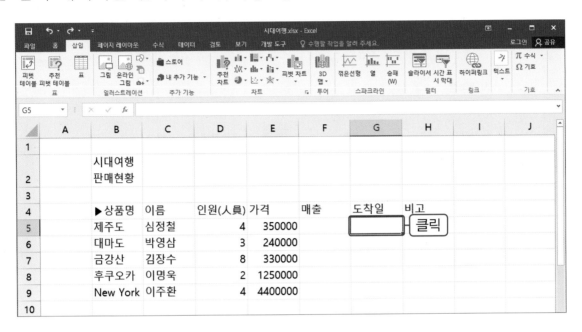

02 [G5] 셀에 '2022-04-03'을 입력하고 [Enter] 키를 누릅니다. 다음과 같이 '2022-04-03'이 입력됩니다.

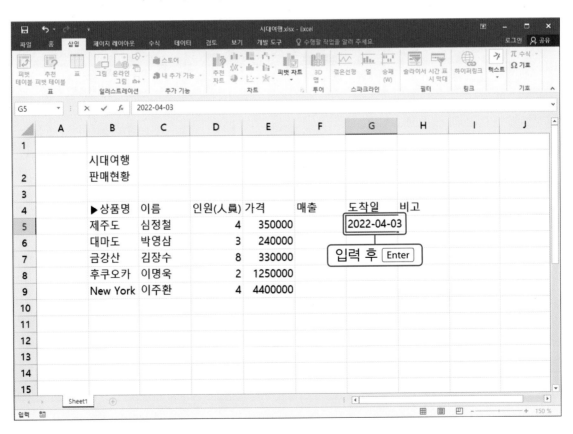

03 같은 방법으로 [G9] 셀까지 날짜 데이터를 입력합니다.

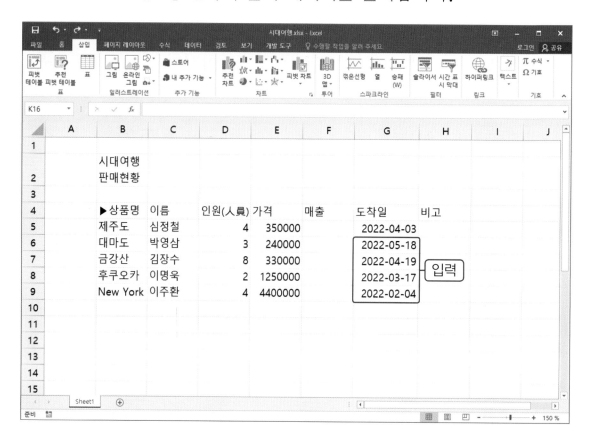

[G5] 셀에 '4-3'을 입력할 경우에는 '04월 03일'로 입력됩니다.

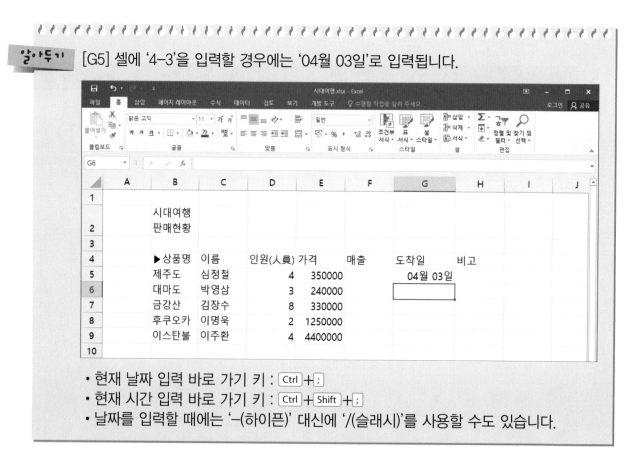

• 현재 날짜 입력 바로 가기 키 : Ctrl + ;
• 현재 시간 입력 바로 가기 키 : Ctrl + Shift + ;
• 날짜를 입력할 때에는 '−(하이픈)' 대신에 '/(슬래시)'를 사용할 수도 있습니다.

05 수식 입력

01 수식을 입력할 경우에는 등호(=)를 먼저 입력해야 합니다. 등호(=)를 입력하지 않으면 문자 데이터로 인식합니다. [F5] 셀을 클릭한 후 '=D5*E5'를 입력합니다.

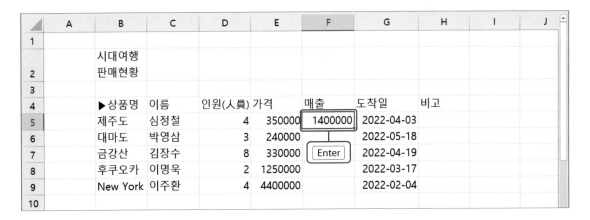

02 수식이 정확하게 입력되었는지 확인한 후, Enter 키를 누릅니다. 수식이 계산되어 결과 값이 다음과 같이 표시됩니다.

> **알아두기** 수식 입력 시 셀 주소를 키보드로 입력하지 않고, 직접 셀을 클릭하여도 셀 주소가 입력됩니다.

01 [H4] 셀을 클릭한 후, Delete 키를 누릅니다.

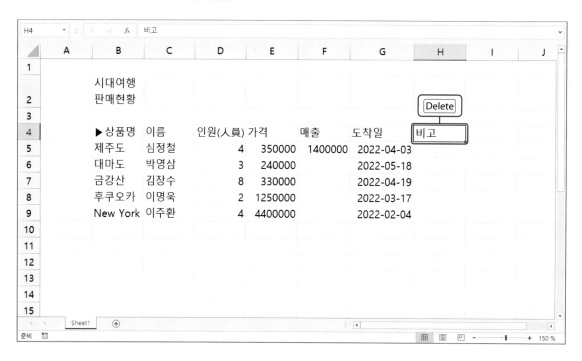

02 다음과 같이 [H4] 셀의 데이터가 삭제된 것을 확인할 수 있습니다.

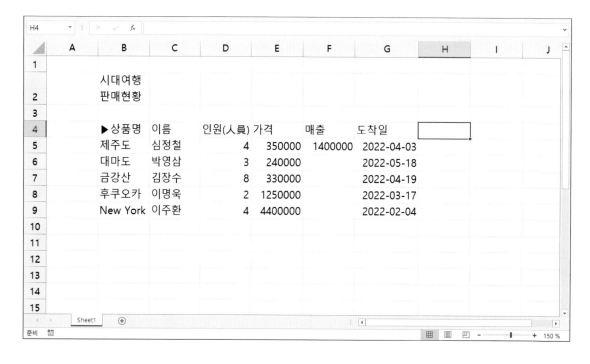

07 데이터 수정

01 [B9] 셀을 클릭한 후, F2 키를 눌러 셀 편집 상태로 변경되면, Back Space 키를 눌러 내용을 삭제합니다.

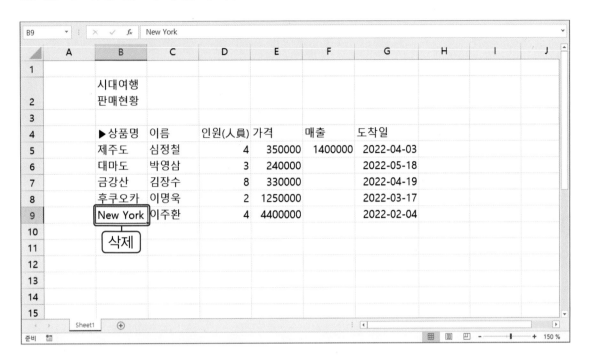

02 'New York'이 지워지면 '이스탄불'을 입력하여 데이터를 수정합니다.

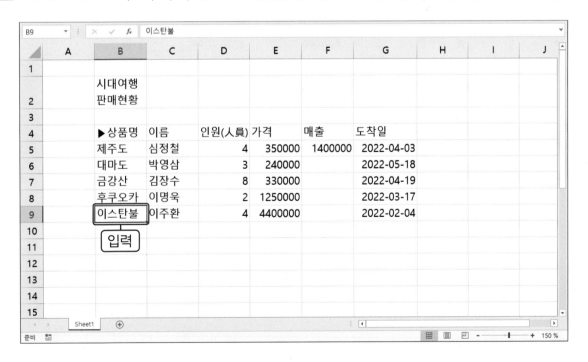

연속 데이터 채우기

01 [H4] 셀과 [H5] 셀에 다음과 같이 데이터를 입력합니다.

	A	B	C	D	E	F	G	H	I	J
1										
2		시대여행 판매현황								
3										
4		▶상품명	이름	인원(人員)	가격	매출	도착일	상담코드	입력	
5		제주도	심정철	4	350000	1400000	2022-04-03	A101		
6		대마도	박영삼	3	240000		2022-05-18			
7		금강산	김장수	8	330000		2022-04-19			

02 [H5] 셀을 선택한 후, 채우기 핸들(─▪)에 마우스를 가져가 마우스 커서 모양이 ✚가 되면 [H9] 셀까지 드래그합니다.

	A	B	C	D	E	F	G	H	I	J
1										
2		시대여행 판매현황								
3									드래그	
4		▶상품명	이름	인원(人員)	가격	매출	도착일	상담코드		
5		제주도	심정철	4	350000	1400000	2022-04-03	A101		
6		대마도	박영삼	3	240000		2022-05-18			
7		금강산	김장수	8	330000		2022-04-19			
8		후쿠오카	이명욱	2	1250000		2022-03-17		A105	
9		이스탄불	이주환	4	4400000		2022-02-04			

알아두기

선택한 셀의 오른쪽 아래의 볼록한 점을 채우기 핸들(─▪)이라 합니다. 셀에 입력한 데이터에 따라 드래그하면 자동으로 값을 채울 수 있습니다.

03 자동으로 증가된 데이터가 입력된 것을 확인할 수 있습니다.

	A	B	C	D	E	F	G	H	I	J
1										
2		시대여행 판매현황								
3										
4		▶상품명	이름	인원(人員)	가격	매출	도착일	상담코드		
5		제주도	심정철	4	350000	1400000	2022-04-03	A101		
6		대마도	박영삼	3	240000		2022-05-18	A102		
7		금강산	김장수	8	330000		2022-04-19	A103		
8		후쿠오카	이명욱	2	1250000		2022-03-17	A104		
9		이스탄불	이주환	4	4400000		2022-02-04	A105		

💬 동일한 데이터 채우기

01 [H4] 셀과 [H5] 셀에 다음과 같이 데이터를 입력합니다.

	A	B	C	D	E	F	G	H	I	J
1										
2		시대여행 판매현황								
3										
4		▶상품명	이름	인원(人員)	가격	매출	도착일	상담코드		
5		제주도	심정철	4	350000	1400000	2022-04-03	A101		
6		대마도	박영삼	3	240000		2022-05-18			
7		금강산	김장수	8	330000		2022-04-19			
8		후쿠오카	이명욱	2	1250000		2022-03-17			
9		이스탄불	이주환	4	4400000		2022-02-04			

02 [H5] 셀을 선택한 후, Ctrl 키를 누른 채 채우기 핸들(╶╂)에 마우스를 가져가 마우스 커서 모양이 ✛ 가 되면 [H9] 셀까지 드래그합니다.

	A	B	C	D	E	F	G	H	I	J
1										
2		시대여행 판매현황								
3										
4		▶상품명	이름	인원(人員)	가격	매출	도착일	상담		
5		제주도	심정철	4	350000	1400000	2022-04-03	A101		
6		대마도	박영삼	3	240000		2022-05-18			
7		금강산	김장수	8	330000		2022-04-19			
8		후쿠오카	이명욱	2	1250000		2022-03-17	A105		
9		이스탄불	이주환	4	4400000		2022-02-04			

> **알아두기** 키보드의 Ctrl 키를 누른 채 채우기 핸들(╶╂)에 마우스를 가져가면 마우스 커서의 모양이 ✛ 에서 ✛ 모양으로 바뀌게 됩니다.

03 다음과 같이 동일한 데이터가 입력된 것을 확인할 수 있습니다.

	A	B	C	D	E	F	G	H	I	J
1										
2		시대여행 판매현황								
3										
4		▶상품명	이름	인원(人員)	가격	매출	도착일	상담코드		
5		제주도	심정철	4	350000	1400000	2022-04-03	A101		
6		대마도	박영삼	3	240000		2022-05-18	A101		
7		금강산	김장수	8	330000		2022-04-19	A101		
8		후쿠오카	이명욱	2	1250000		2022-03-17	A101		
9		이스탄불	이주환	4	4400000		2022-02-04	A101		

💬 자동 채우기 옵션 사용하기

01 [H4] 셀과 [H5] 셀에 다음과 같이 데이터를 입력합니다.

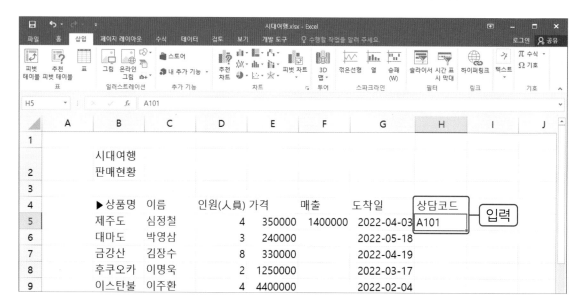

02 [H5] 셀을 선택한 후, 채우기 핸들(━┃)에 마우스를 가져가 마우스 커서 모양이 ➕가 되면 [H9] 셀까지 드래그합니다.

03 [자동 채우기 옵션(▦₊)]을 클릭하면 다음과 같이 '자동 채우기 옵션'이 나타납니다. '연속 데이터 채우기' 옵션을 선택해 자동 채우기를 실행합니다.

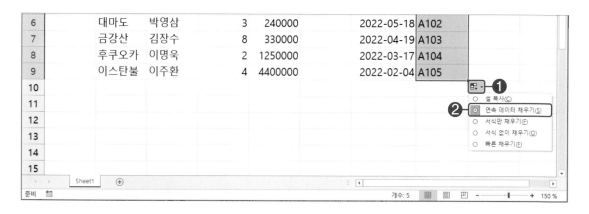

💬 문자 연속 채우기

01 [H4] 셀과 [H5] 셀에 다음과 같이 문자 데이터를 입력합니다.

◢	A	B	C	D	E	F	G	H	I	J
1										
2		시대여행 판매현황								
3										
4		▶상품명	이름	인원(人員)	가격	매출	도착일	상담자	입력	
5		제주도	심정철	4	350000	1400000	2022-04-03	임채현		
6		대마도	박영삼	3	240000		2022-05-18			
7		금강산	김장수	8	330000		2022-04-19			
8		후쿠오카	이명욱	2	1250000		2022-03-17			
9		이스탄불	이주환	4	4400000		2022-02-04			

02 [H5] 셀을 선택한 후, 채우기 핸들(-┃)에 마우스를 가져가 마우스 커서 모양이 ✚가 되면 [H9] 셀까지 드래그합니다.

◢	A	B	C	D	E	F	G	H	I	J
1										
2		시대여행 판매현황								
3										
4		▶상품명	이름	인원(人員)	가격	매출	도착일	상담자	드래그	
5		제주도	심정철	4	350000	1400000	2022-04-03	임채현		
6		대마도	박영삼	3	240000		2022-05-18			
7		금강산	김장수	8	330000		2022-04-19			
8		후쿠오카	이명욱	2	1250000		2022-03-17		임채현	
9		이스탄불	이주환	4	4400000		2022-02-04			

03 다음과 같이 동일한 문자 데이터가 입력된 것을 확인할 수 있습니다.

◢	A	B	C	D	E	F	G	H	I	J
1										
2		시대여행 판매현황								
3										
4		▶상품명	이름	인원(人員)	가격	매출	도착일	상담자		
5		제주도	심정철	4	350000	1400000	2022-04-03	임채현		
6		대마도	박영삼	3	240000		2022-05-18	임채현		
7		금강산	김장수	8	330000		2022-04-19	임채현		
8		후쿠오카	이명욱	2	1250000		2022-03-17	임채현		
9		이스탄불	이주환	4	4400000		2022-02-04	임채현		

💬 수식 자동으로 채우기

01 [F5] 셀을 선택한 후, 채우기 핸들(➕)에 마우스를 가져가 마우스 커서 모양이 ➕가 되면 [F9] 셀까지 드래그합니다.

	A	B	C	D	E	F	G	H	I	J
1										
2		시대여행 판매현황								
3										
4		▶상품명	이름	인원(人員)	가격	매출		상담자		
5		제주도	심정철	4	350000	1400000	2022-04-03	임채현		
6		대마도	박영삼	3	240000		2022-05-18	임채현		
7		금강산	김장수	8	330000		2022-04-19	임채현		
8		후쿠오카	이명욱	2	1250000		2022-03-17	임채현		
9		이스탄불	이주환	4	4400000		2022-02-04	임채현		
10										

드래그

02 수식의 열 숫자가 자동으로 1씩 증가 되어 수식이 알맞게 변경되어 데이터가 입력됩니다.

	A	B	C	D	E	F	G	H	I	J
1										
2		시대여행 판매현황								
3										
4		▶상품명	이름	인원(人員)	가격	매출	도착일	상담자		
5		제주도	심정철	4	350000	1400000	2022-04-03	임채현		
6		대마도	박영삼	3	240000	720000	2022-05-18	임채현		
7		금강산	김장수	8	330000	2640000	2022-04-19	임채현		
8		후쿠오카	이명욱	2	1250000	2500000	2022-03-17	임채현		
9		이스탄불	이주환	4	4400000	17600000	2022-02-04	임채현		
10										

알아두기 숫자 데이터 자동 채우기

숫자 데이터에 ➕ 채우기 핸들(➕)에 마우스를 드래그하면 문자 데이터와 같이 동일한 데이터 값만을 채우지만, 마우스 커서가 ➕인 상태로 드래그하면 숫자 값이 1씩 증가되어 채워집니다.

활용마당

◉ 결과파일 : 시험일정(완).xlsx

① 다음과 같이 데이터를 입력해 봅니다.

	A	B	C	D	E	F	G	H	I	J
1										
2										
3		시험일정								
4										
5		과목명	담당선생님	시험일	시간	시험장소	감독관			
6		국어	강도림	06월 06일	9:50	4학년 1반	임채현			
7		수학	최민우							
8		사회	장현욱							
9		점심시간								
10		영어	김성일							
11		과학	최태욱							
12		체육	박민정							
13										
14										
15										
16										

Sheet1

준비 · 150 %

② [D6] 셀, [E6] 셀, [F6] 셀, [G6] 셀을 각각 선택하여 다음과 같이 값이 나오도록 채우기 핸들(➥)을 활용하여 자동 채우기를 실행해봅니다.

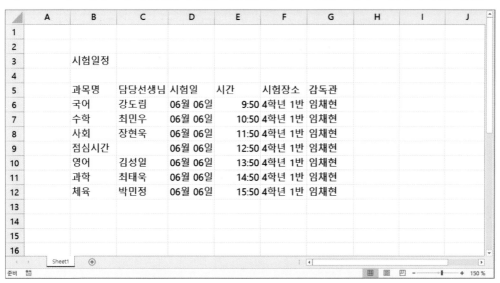

	A	B	C	D	E	F	G	H	I	J
1										
2										
3		시험일정								
4										
5		과목명	담당선생님	시험일	시간	시험장소	감독관			
6		국어	강도림	06월 06일	9:50	4학년 1반	임채현			
7		수학	최민우	06월 06일	10:50	4학년 1반	임채현			
8		사회	장현욱	06월 06일	11:50	4학년 1반	임채현			
9		점심시간		06월 06일	12:50	4학년 1반	임채현			
10		영어	김성일	06월 06일	13:50	4학년 1반	임채현			
11		과학	최태욱	06월 06일	14:50	4학년 1반	임채현			
12		체육	박민정	06월 06일	15:50	4학년 1반	임채현			
13										
14										
15										
16										

Sheet1

준비 · 150 %

 채우기 핸들을 사용하여 값이 원하는 데로 나오지 않는다면, Ctrl 키를 활용하거나, 자동 채우기 옵션을 사용해 봅니다.

03 행, 열 편집하기

셀의 너비와 높이를 조절하고 삽입, 삭제 숨기기 등으로 셀을 편집하는 방법에 대해 알아보겠습니다.

⊙ 예제파일 : 매표소.xlsx ⊙ 결과파일 : 매표소(완).xlsx

01 삽입, 삭제

 삽입하기

■ **방법-1**

01 다음과 같이 데이터를 입력합니다.

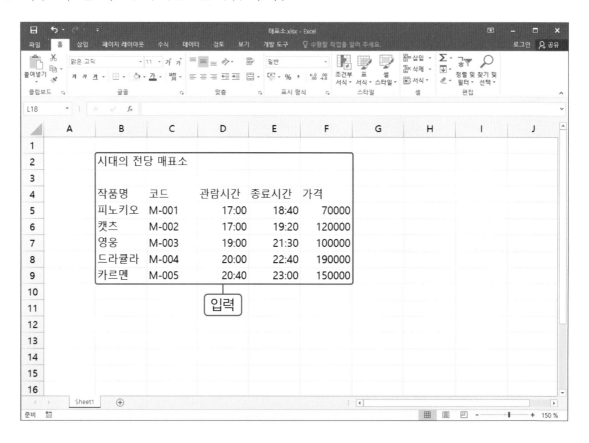

02 행을 삽입하기 위해 마우스로 8행 머리글을 선택하고 [홈] 탭-[셀] 그룹에서 [삽입(▦)]을 클릭합니다.

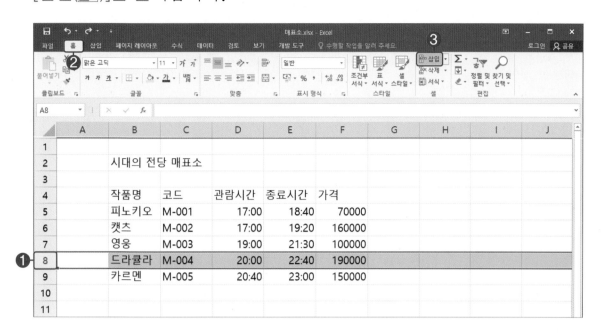

03 다음과 같이 기존의 8행이 9행으로 밀리면서 새로운 행이 삽입됩니다.

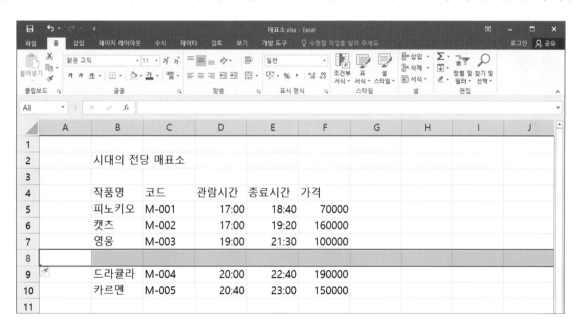

알아두기 **'삽입' 바로 가기 키**
열 머리글이나 행 머리글을 선택하고 [Ctrl] 키를 누른 채 [+] 키를 누르면 새로운 열이나 행을 삽입할 수 있습니다. 또한 머리글이 아닌 셀을 선택한 채로 [Ctrl]+[+] 키를 누르면 삽입 대화상자가 나타납니다.

04 새로 만들어진 8행에 다음과 같이 데이터를 입력합니다.

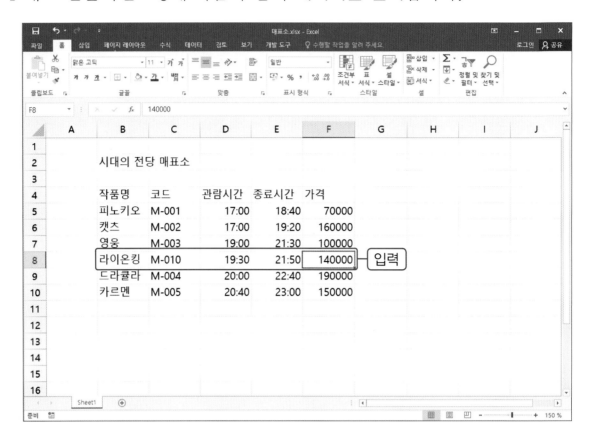

- **방법-2**

01 열을 삽입하기 위해 C열 머리글을 마우스 오른쪽 버튼으로 클릭한 후, [삽입]을 선택합니다.

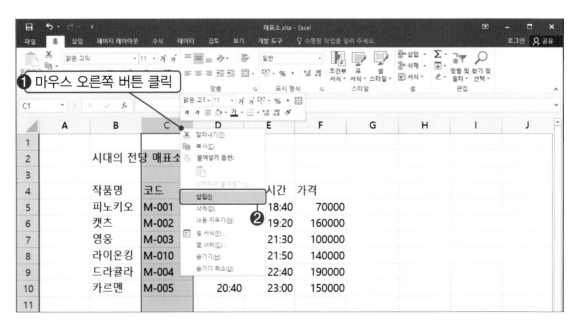

02 새로 만든 C열에 다음과 같이 데이터를 입력합니다.

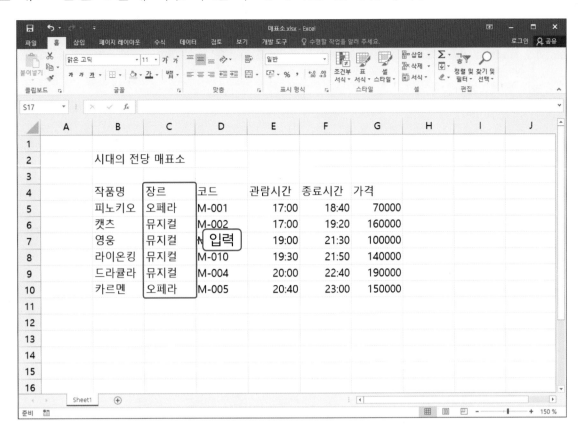

💬 삭제하기

■ 방법-1

01 6행을 삭제하기 위해 6행 머리글을 선택하고, [홈] 탭-[셀] 그룹에서 [삭제(📇)]를 클릭합니다.

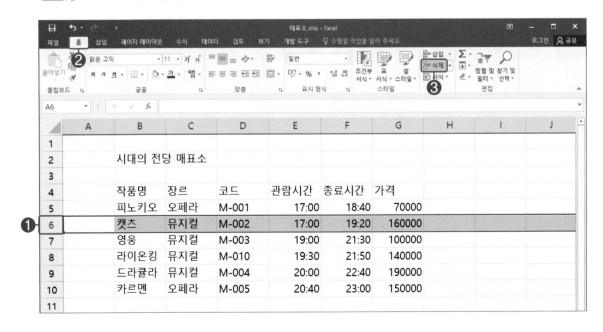

02 기존의 6행의 내용이 삭제되고 7행의 내용이 6행으로 바뀌었습니다.

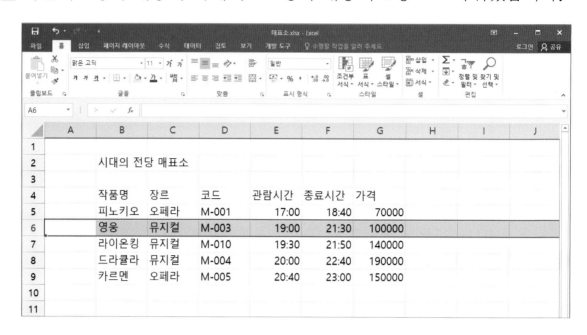

알아두기 '삭제' 바로 가기 키

열 머리글이나 행 머리글을 선택하고 Ctrl 키를 누른 채 - 키를 누르면 열이나 행을 삭제할 수 있습니다. 또한 머리글이 아닌 셀을 선택한 채로 Ctrl + - 키를 누르면 삭제 대화상자가 나타납니다.

■ 방법-2

01 D열을 삭제하기 위해 D열 머리글을 마우스 오른쪽 버튼으로 클릭한 후, [삭제]를 선택합니다.

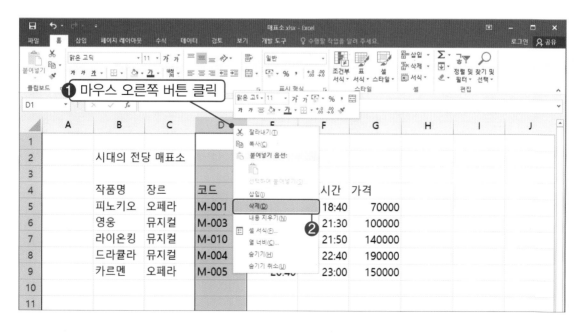

02 기존의 D열의 내용이 삭제되고 E열의 내용이 D열로 바뀌었습니다.

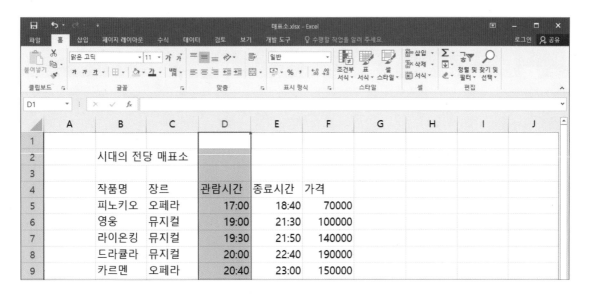

02 잘라내기

01 F열 머리글을 선택하고 [홈] 탭–[클립보드] 그룹에서 [잘라내기(✂)]를 클릭합니다.

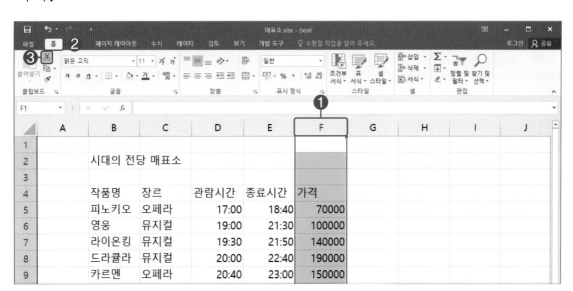

잘라내기와 복사하기
- 잘라내기는 데이터를 복사하며 붙여넣기를 실행할 시 기존에 있던 데이터를 삭제합니다.
- 복사하기는 데이터를 복사하여 붙여넣기를 실행하더라도 기존의 데이터를 유지합니다.
  '잘라내기' 바로 가기 키 : Ctrl + X
  '복사하기' 바로 가기 키 : Ctrl + C

02 D열 머리글을 선택하고, [홈] 탭-[셀] 그룹에서 [삽입(🔲)]의 ▾을 클릭한 후, [잘라낸 셀 삽입]을 클릭합니다.

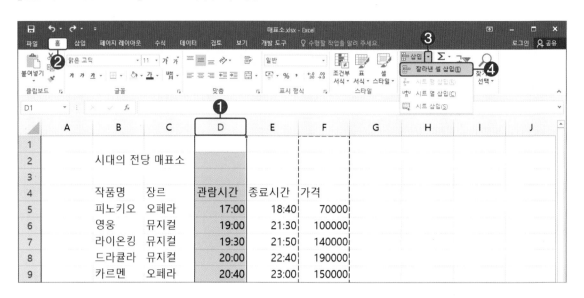

03 F열의 내용이 D열로 이동되면서, 기존의 D열, E열의 내용이 E열과 F열로 이동되었습니다.

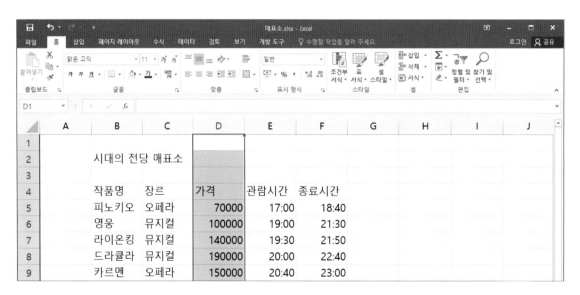

알아두기 붙여넣기
잘라내기나 복사하기를 통해 복사한 데이터를 그대로 이동하는 기능입니다. 바로 가기 키는 Ctrl+V입니다.

03 높이와 너비 조정

■ **방법-1**

01 열의 너비를 조정하기 위해 A열 머리글과 B열 머리글의 경계 부분에 마우스를 위치시켜 마우스 포인터 모양이 ✛가 되면 마우스를 왼쪽으로 드래그하여 너비를 조정합니다.

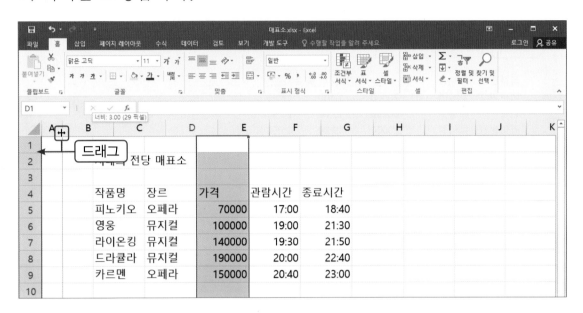

02 조정한 A열의 너비를 확인합니다.

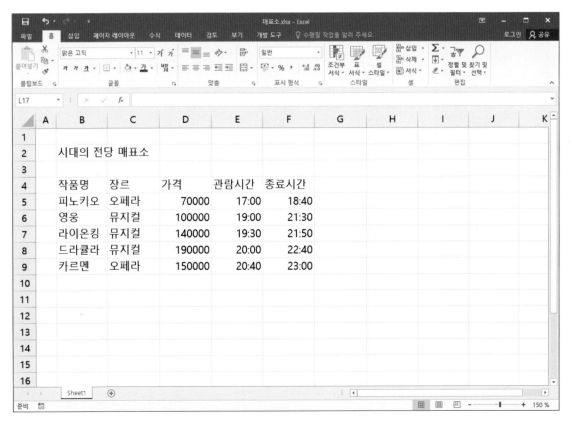

03 행의 너비를 조정하기 위해 1행 머리글과 2행 머리글의 경계 부분에 마우스를 위치시켜 마우스 포인터 모양이 ‡ 가 되면 마우스를 위로 드래그하여 높이를 조정합니다.

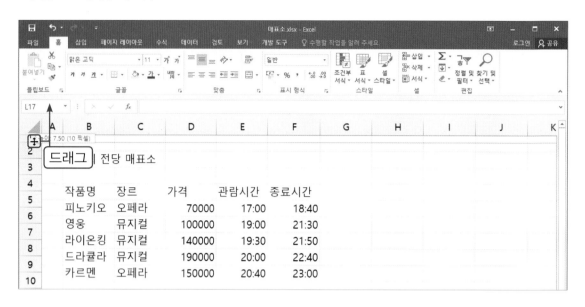

04 조정한 1행의 높이를 확인합니다.

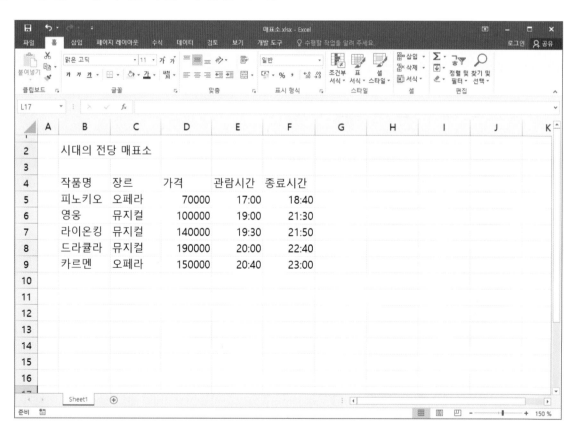

▪ 방법-2

01 열의 너비를 설정하기 위해 A열 머리글을 마우스 오른쪽 버튼으로 클릭한 후, [열 너비]를 클릭합니다. [열 너비] 대화상자가 나타나면 열 너비에 '1'을 입력하고 [확인] 버튼을 클릭합니다.

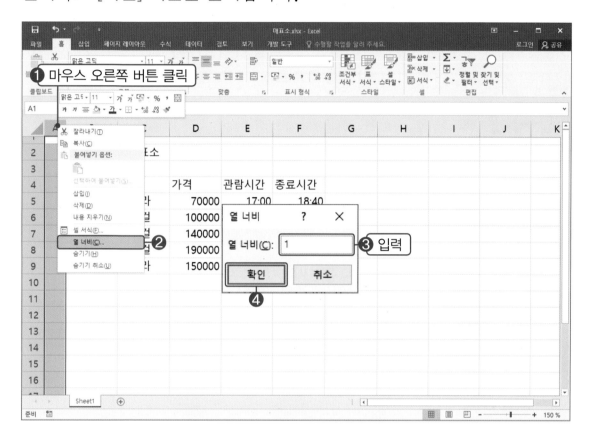

02 조정한 A열의 너비를 확인합니다.

	A	B	C	D	E	F	G	H	I	J	K
2		시대의 전당 매표소									
3											
4		작품명	장르	가격	관람시간	종료시간					
5		피노키오	오페라	70000	17:00	18:40					
6		영웅	뮤지컬	100000	19:00	21:30					
7		라이온킹	뮤지컬	140000	19:30	21:50					
8		드라큘라	뮤지컬	190000	20:00	22:40					
9		카르멘	오페라	150000	20:40	23:00					

04 행, 열 숨기기

💬 숨기기

■ 방법-1

01 8행을 숨기기 위해 8행 머리글을 클릭합니다. [홈] 탭-[셀] 그룹에서 [서식
(▦)]을 선택하고 [숨기기 및 숨기기 취소]-[행 숨기기]를 클릭합니다.

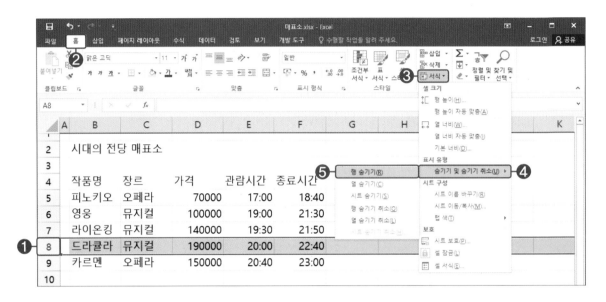

02 8행이 숨겨져 화면에 나타나지 않습니다.

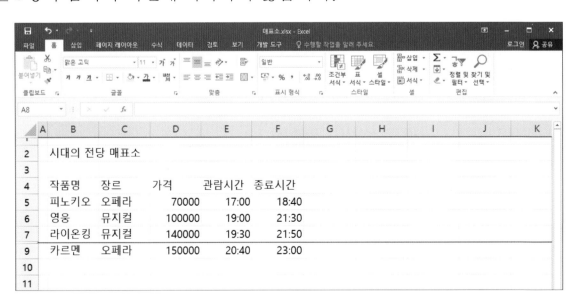

> **알아두기** 숨기고자 하는 행이나 열의 머리글을 마우스 오른쪽 버튼으로 클릭한 후, [숨기기]를 클
> 릭합니다.

■ 방법-2

01 C열 머리글을 클릭합니다. [홈] 탭-[셀] 그룹에서 [서식(🏠)]을 선택하고 [열 너비]를 클릭합니다. [열 너비] 대화상자가 나타나면 '0'을 입력하고, [확인] 버튼을 클릭합니다.

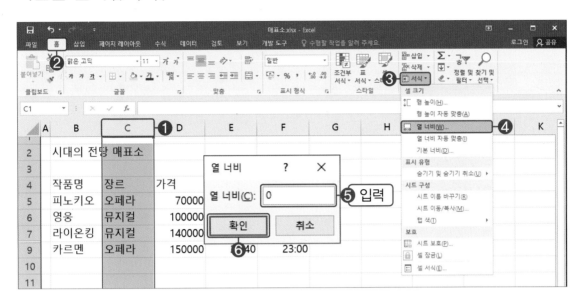

02 C열이 숨겨져 화면에 나타나지 않습니다.

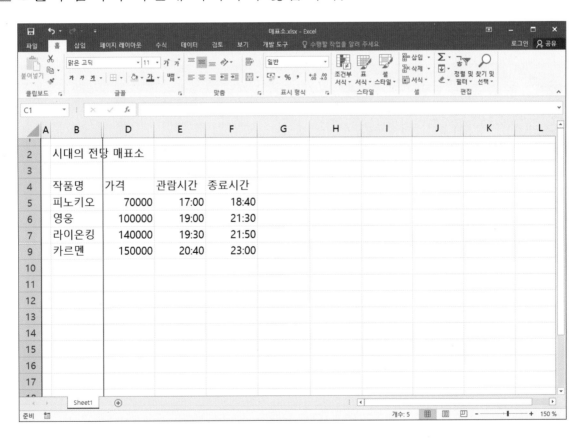

💬 숨기기 취소

■ 방법-1

01 숨긴 8행을 나타내기 위해 7행과 9행을 드래그하여 동시에 선택합니다. [홈] 탭-[셀] 그룹에서 [서식(🔲)]을 선택하고, [숨기기 및 숨기기 취소]-[행 숨기기 취소]를 선택합니다.

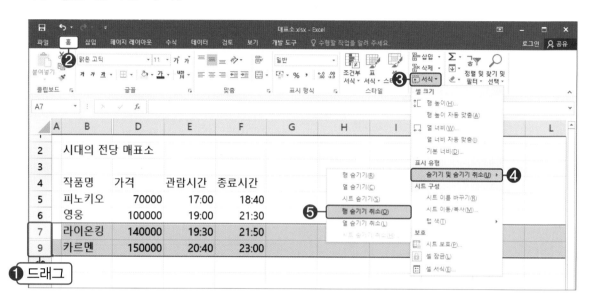

02 숨긴 8행이 다시 화면에 나타납니다.

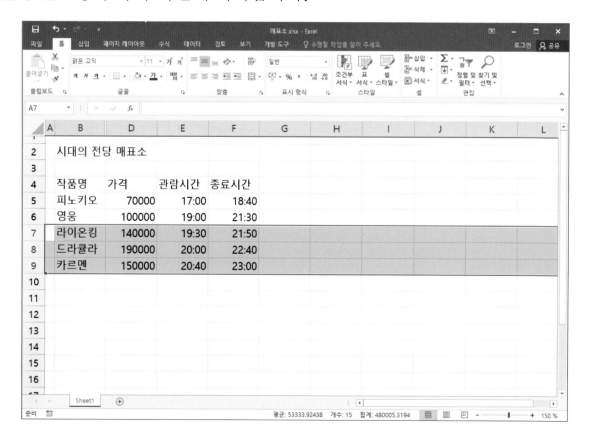

■ 방법-2

01 숨겨진 C열을 나타내기 위해 B열과 D열 사이의 경계선에 마우스 포인터를 이동합니다. 마우스 포인터가 ⇔ 모양이 되면 마우스를 오른쪽으로 드래그 합니다.

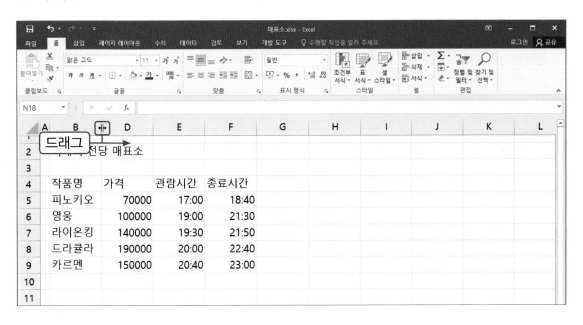

02 숨겨져 있던 C열이 나타납니다.

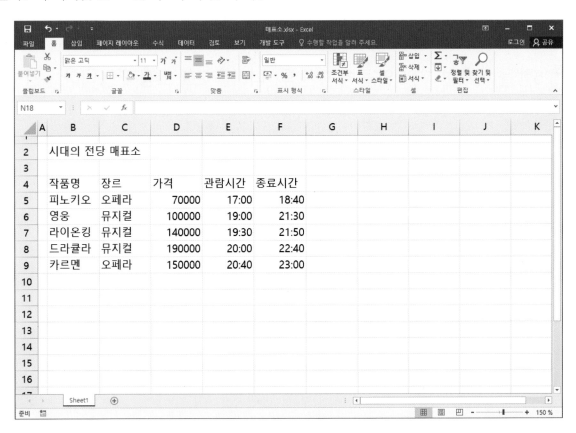

활용마당

⊙ 예제파일 : 장기자랑.xlsx ⊙ 결과파일 : 장기자랑(완).xlsx

1 '장기자랑.xlsx'파일을 불러와 잘라내기와 붙여넣기를 활용하여 다음과 같이 파일을 수정해봅니다.

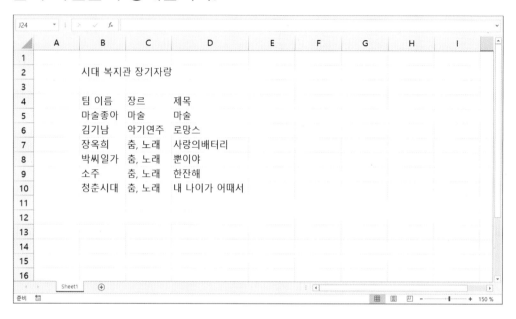

2 5행을 삭제한 후, D열을 추가한 후, 너비를 2로 조정해 봅니다.

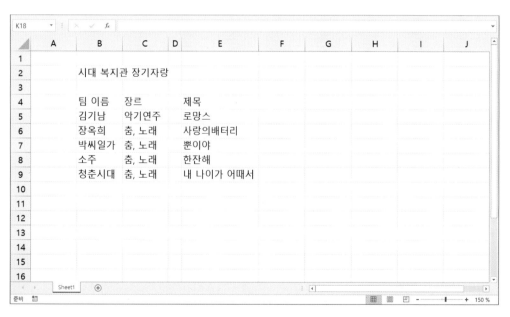

04 워크시트 편집하기

워크시트의 삽입, 삭제, 숨기기 방법을 알아보고 이름 변경 등 시트 탭의 편집 방법도 알아보겠습니다.

⊙ 예제파일 : 매표소.xlsx ⊙ 결과파일 : 매표소(완).xlsx

01 이름 변경

01 [파일] 탭-[열기]-[찾아보기]를 클릭하여 [열기] 대화상자에서 '매표소.xlsx' 파일을 선택한 후 [열기] 버튼을 클릭합니다.

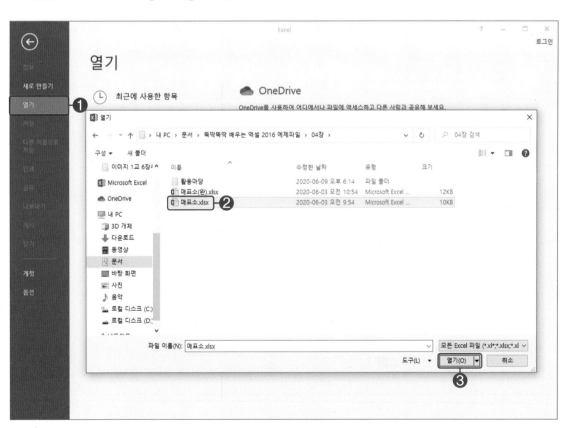

02 [홈] 탭-[셀] 그룹에서 [서식(🔲)]을 클릭한 후, [시트 이름 바꾸기]를 클릭합
니다.

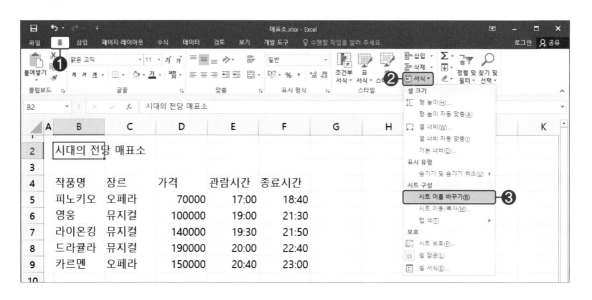

03 왼쪽 아래의 시트 탭의 이름 부분이 활성화 됩니다. '매표 현황'을 입력한 후,
Enter 키를 누릅니다.

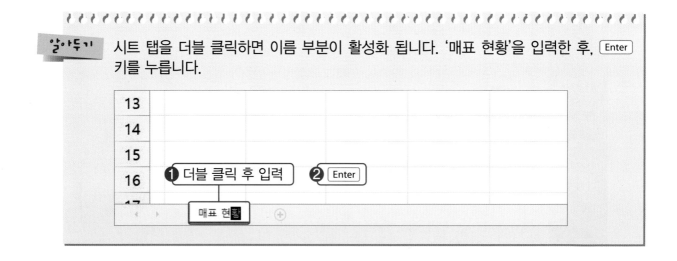

알아두기

시트 탭을 더블 클릭하면 이름 부분이 활성화 됩니다. '매표 현황'을 입력한 후, Enter
키를 누릅니다.

01 시트 탭에서 삽입할 위치의 시트에 마우스 오른쪽 버튼을 클릭한 후, [삽입]을 선택합니다.

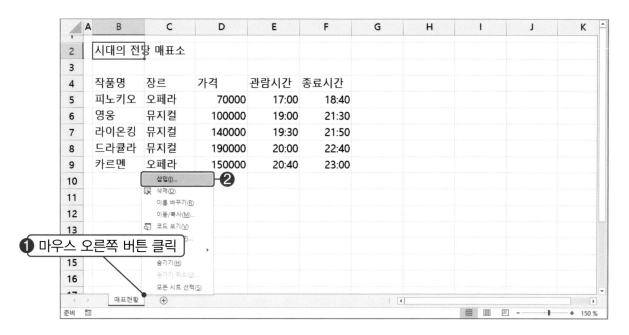

알아두기 시트 탭의 새 시트(⊕)를 클릭하면, 새 워크시트가 삽입됩니다.

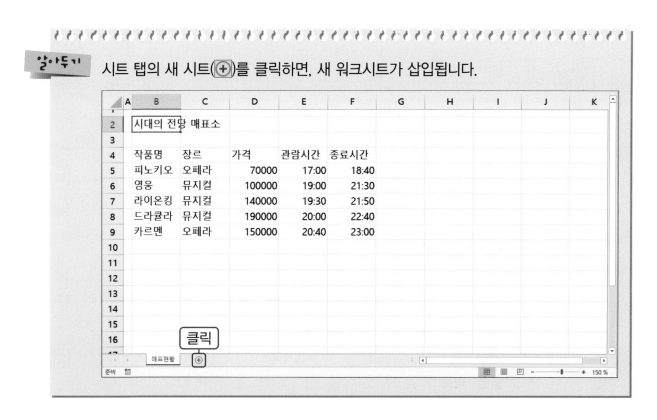

02 [삽입] 대화상자가 나타나면 '워크시트'를 선택한 후, [확인] 버튼을 클릭합니다.

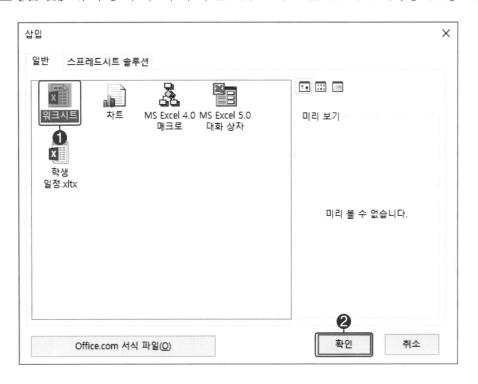

03 새로운 워크시트가 삽입된 것을 확인할 수 있습니다.

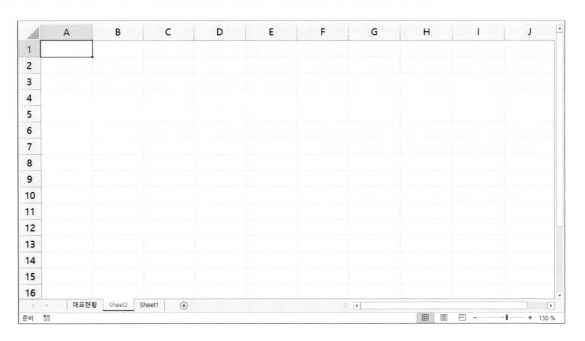

알아두기 **'시트 삽입' 바로 가기 키**
Shift + F11 키를 누르면 새로운 워크시트가 생성됩니다.

03 이동하기

■ 방법-1

01 다른 시트로 이동하기 위해 [홈] 탭-[셀] 그룹의 [서식(▦)]을 클릭한 후, [시트 이동/복사]를 선택합니다.

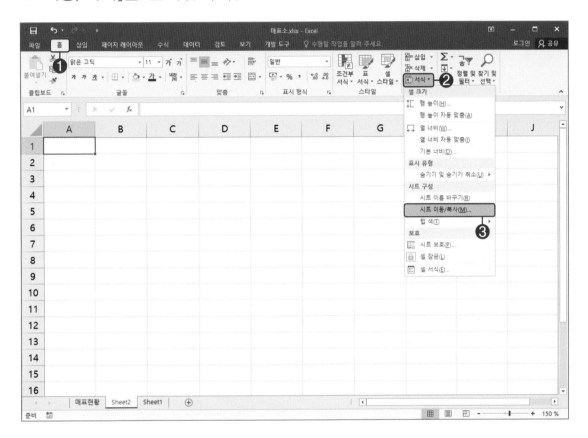

02 [이동/복사] 대화상자가 나타나면 '매표현황'을 선택한 후, [확인] 버튼을 클릭합니다.

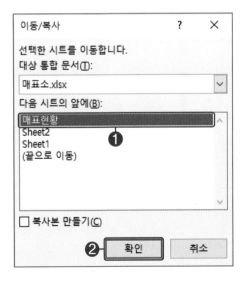

03 [Sheet2] 시트가 [매표현황] 시트 앞으로 이동되었습니다.

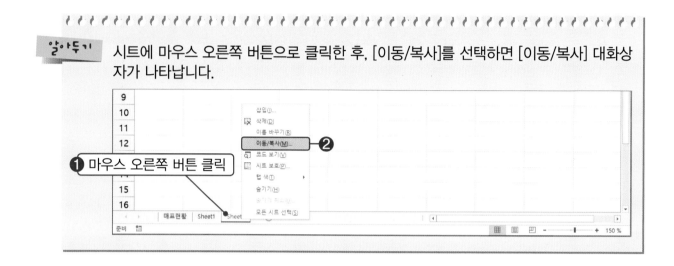

알아두기 시트에 마우스 오른쪽 버튼으로 클릭한 후, [이동/복사]를 선택하면 [이동/복사] 대화상자가 나타납니다.

■ **방법-2**

01 [Sheet2] 시트를 클릭한 후, 다음처럼 오른쪽 끝으로 드래그합니다.

02 [Sheet2] 시트가 오른쪽 끝으로 이동된 것을 확인할 수 있습니다.

복사하기

01 시트를 복사하기 위해 [홈] 탭-[셀] 그룹에서 [서식(▦)]을 클릭한 후, [시트 이동/복사]를 선택합니다.

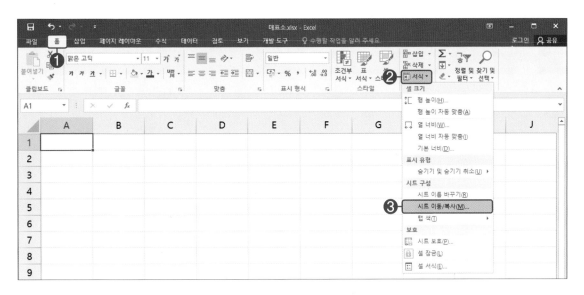

02 [이동/복사] 대화상자가 나타나면 '(끝으로 이동)'을 선택한 후, [복사본 만들 기]에 체크한 후, [확인] 버튼을 클릭합니다. [Sheet2 (2)] 시트가 오른쪽 끝 에 추가됩니다.

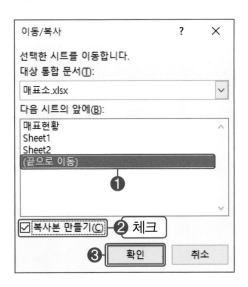

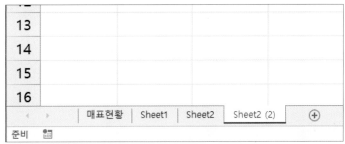

알아두기 복사할 시트를 [Ctrl] 키를 누른 채 복사할 위치에 드래그하여 시트를 복사합니다.

■ **방법-1**

01 [Sheet2 (2)] 시트를 삭제하기 위해 [Sheet2 (2)] 시트를 선택한 후, [홈] 탭-[셀 그룹]에서 [삭제(🗑)]의 ▾을 클릭하고 [시트 삭제]를 선택합니다.

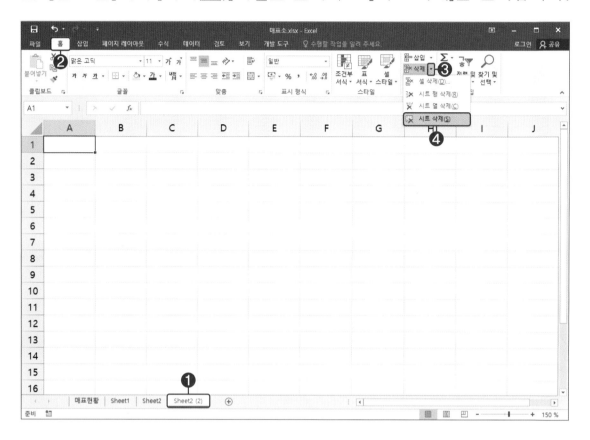

02 [Sheet2 (2)] 시트가 삭제된 것을 확인할 수 있습니다.

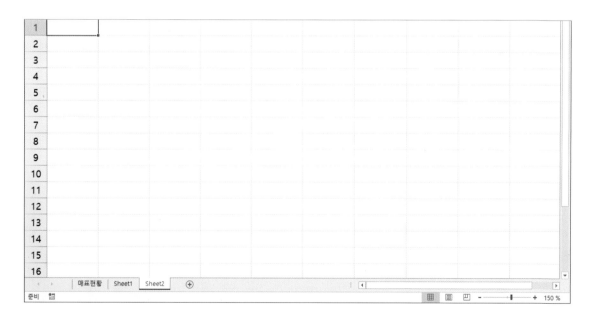

■ 방법-2

01 [Sheet2] 시트를 삭제하기 위해 [Sheet2] 시트에 마우스 오른쪽 버튼을 클릭한 후, [삭제]를 선택합니다.

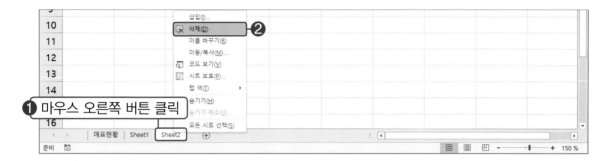

02 [Sheet2] 시트가 삭제되었습니다.

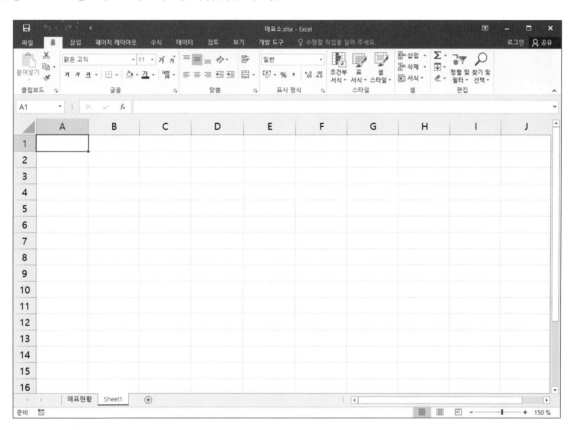

알아두기   데이터가 입력되어 있는 시트를 삭제할 때에는 다음과 같이 '이 시트가 Microsoft Excel 에서 영구적으로 삭제됩니다. 계속하겠습니까?' 라는 경고 메시지가 나타납니다.

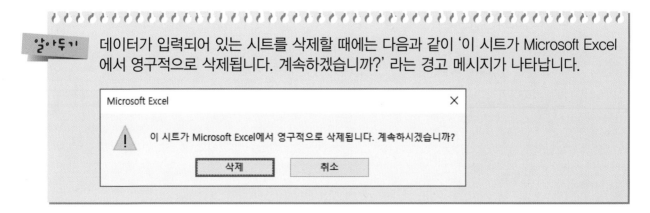

06 숨기기

💬 숨기기

[Sheet4] 시트를 숨기기 위해 [홈] 탭-[셀] 그룹에서 [서식(📖)]을 클릭한 후, [숨기기 및 숨기기 취소]-[시트 숨기기]를 선택합니다.

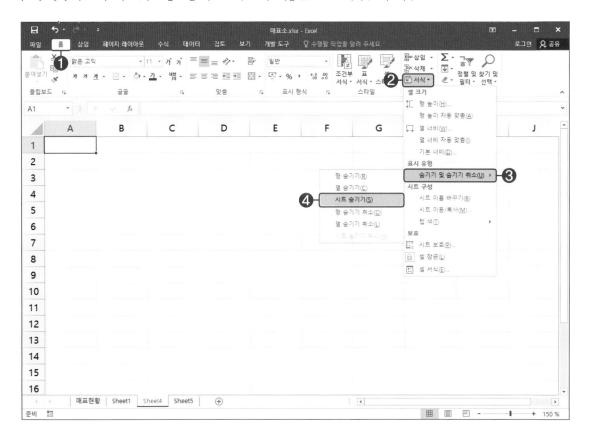

알아두기 [Sheet5] 시트를 숨기기 위해 [Sheet5] 시트를 마우스 오른쪽 버튼으로 클릭한 후, [숨기기]를 클릭합니다.

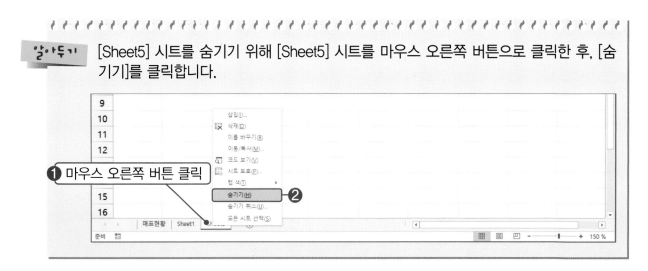

💬 숨기기 취소

■ 방법-1

01 숨겨진 [Sheet4] 시트를 표시하기 위해 [홈] 탭-[셀] 그룹에서 [서식(📋)]을 클릭한 후, [숨기기 및 숨기기 취소]-[시트 숨기기 취소]를 선택합니다.

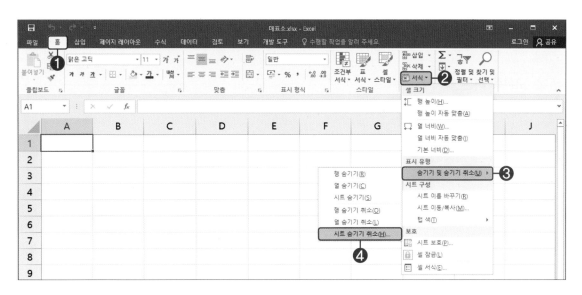

02 [숨기기 취소] 대화상자가 나타나면 'Sheet4'를 선택하고 [확인] 버튼을 클릭합니다. 숨긴 [Sheet4] 시트가 나타난 것을 확인할 수 있습니다.

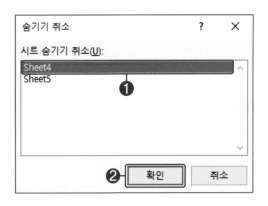

■ 방법-2

01 숨겨진 [Sheet5] 시트를 표시하기 위해 시트 탭의 시트에 마우스 오른쪽 버튼을 클릭한 후, [숨기기 취소]를 선택합니다.

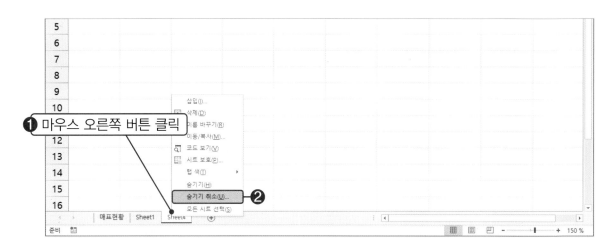

02 [숨기기 취소] 대화상자가 나타나면 'Sheet5'를 선택하고 [확인] 버튼을 클릭하면 숨긴 [Sheet5] 시트가 나타난 것을 확인할 수 있습니다.

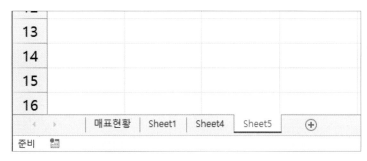

활용마당

⊙ 예제파일 : 체육대회.xlsx ⊙ 결과파일 : 체육대회(완).xlsx

1 다음과 같이 시트를 추가하여 데이터를 작성한 후, 시트 이름을 다음과 같이 지정해 봅니다.

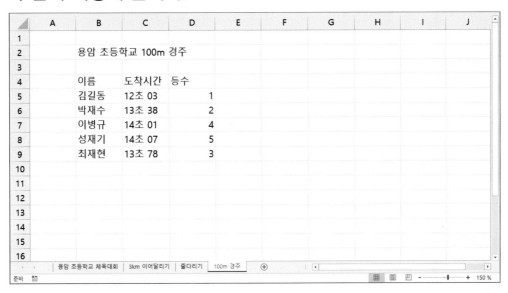

2 [용암 초등학교 체육대회] 시트를 숨긴 후, [줄다리기] 시트를 삭제해 봅니다. 이후 [100m 경주] 시트를 가장 왼쪽으로 이동한 후, [응원전] 시트를 마지막에 추가해 봅니다.

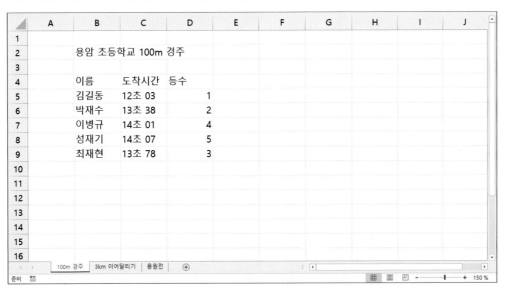

05 서식 적용하기

글꼴, 테두리, 채우기, 표시 형식 등 셀을 편집하는 방법에 대해 알아보겠습니다.

 ⊙ 예제파일 : 싱싱수산.xlsx ⊙ 결과파일 : 싱싱수산(완).xlsx

01 글꼴 꾸미기

■ 방법-1

01 다음과 같이 데이터를 입력한 후, 글꼴을 변경하기 위해 [B2] 셀을 클릭합니다.

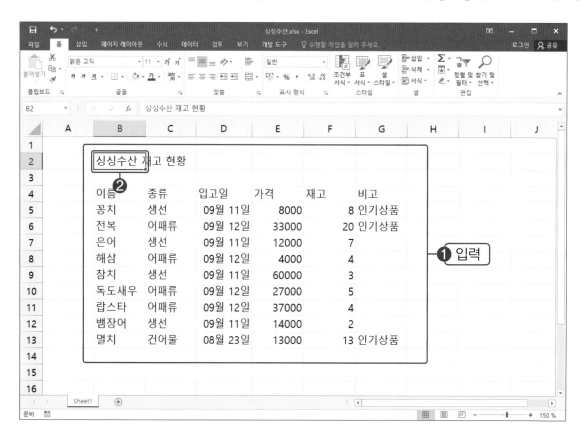

02 [홈] 탭–[글꼴] 그룹에서 [글꼴]의 █을 클릭하고 'HY동녘B'를 선택합니다.

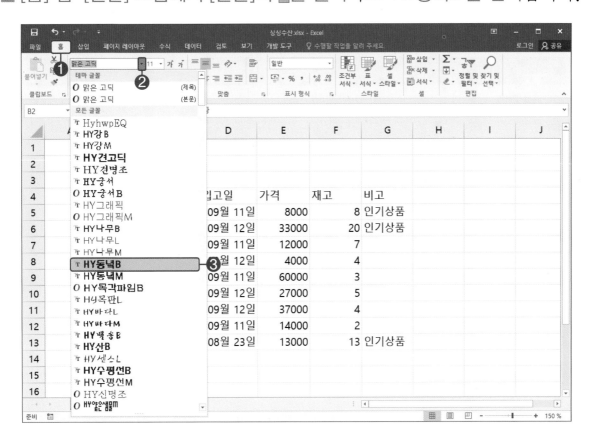

03 글꼴 크기를 변경하기 위해 [홈] 탭–[글꼴] 그룹에서 [글꼴 크기]의 █을 클릭하고 '20'을 선택합니다.

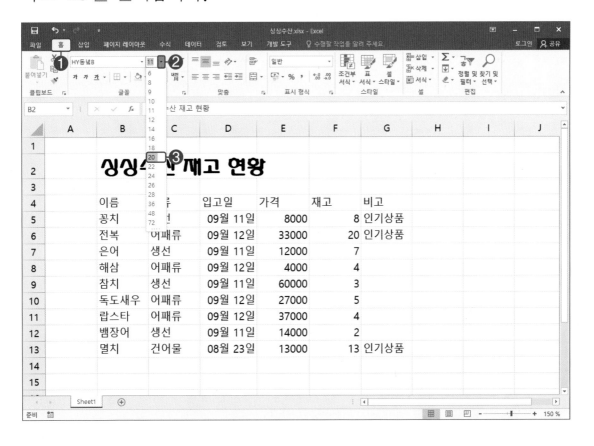

04 글꼴 색을 꾸며주기 위해 [홈] 탭-[글꼴] 그룹에서 [글꼴 색(**가**)]의 ▾을 클릭하고 [표준 색]의 '파랑'을 선택합니다.

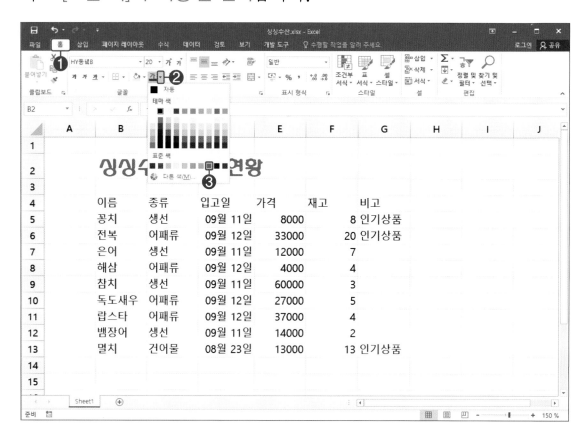

05 [B4:G4] 영역의 글꼴을 변경하기 [B4:G4] 영역을 드래그합니다.

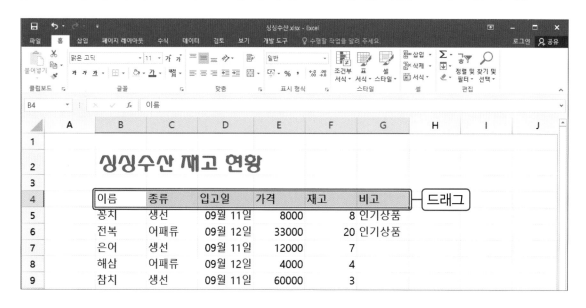

06 [홈] 탭–[글꼴] 그룹에서 [글꼴]은 'HY동녘M'으로, [글꼴 크기]는 '14'로 설정합니다.

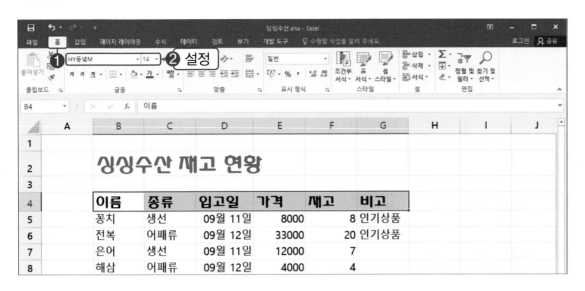

■ **방법-2**

01 [B2] 셀을 마우스 오른쪽 버튼으로 클릭한 후, 바로 가기 메뉴에서 [셀 서식]을 클릭합니다.

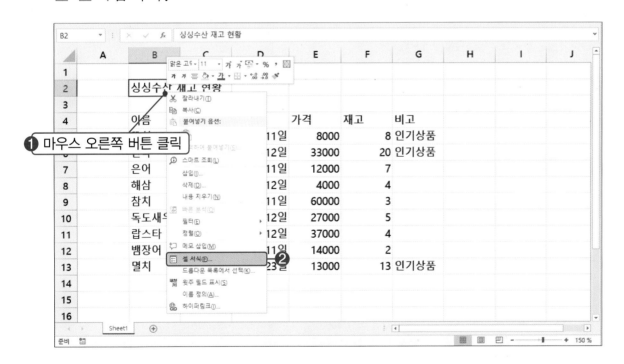

알아두기 **'셀 서식' 바로 가기 키**
Ctrl +1 키를 누르면 [셀 서식] 대화상자가 나타납니다.

02 [셀 서식] 대화상자가 나타나면 [글꼴] 탭을 클릭한 후, [글꼴]은 'HY동녘B'로, [글꼴 크기]는 '20'으로, [색]은 [표준색]의 '파랑'으로 설정한 후, [확인] 버튼을 클릭합니다.

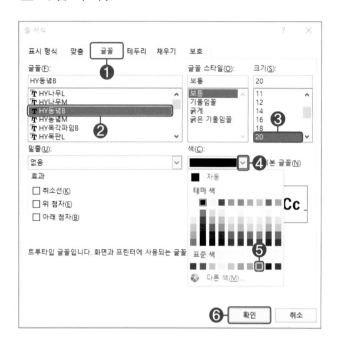

03 [B4:G4] 영역을 드래그한 후, 같은 방법으로 [글꼴]은 'HY동녘M'으로, [글꼴 크기]는 '14'로 설정합니다.

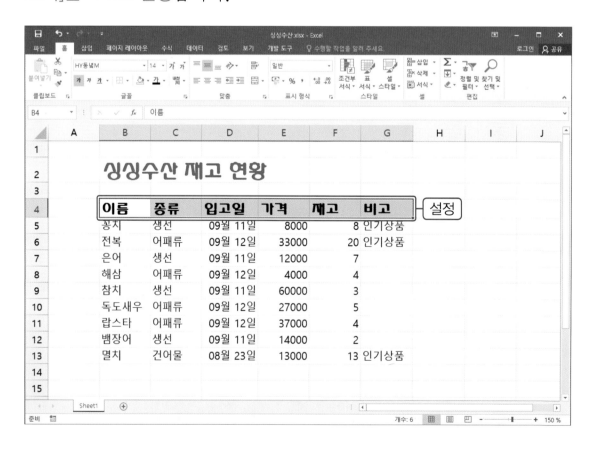

02 셀 병합하고 가운데 맞춤

01 셀을 병합하고 가운데 맞춤을 적용하기 위해 [B2:G2] 영역을 드래그하여 범위를 지정한 후, [홈] 탭-[맞춤] 그룹에서 [병합하고 가운데 맞춤(圁)]을 클릭합니다.

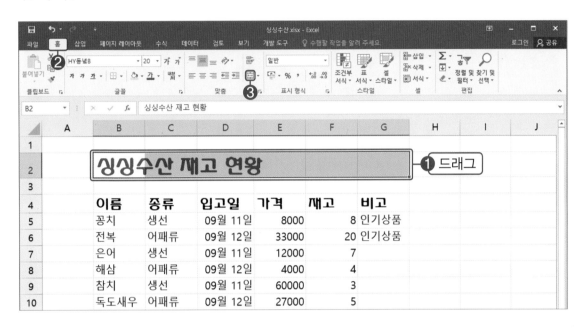

02 [B2:G2] 영역이 하나의 셀로 합쳐지고 가운데 정렬 서식이 적용된 것을 확인할 수 있습니다.

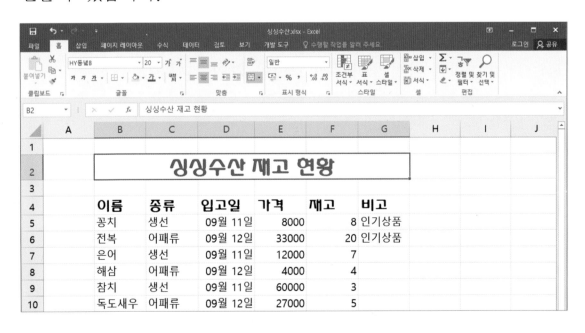

03 테두리 지정

01 테두리를 적용하기 위해 [B4:G13] 영역을 드래그하여 범위로 지정합니다. [홈] 탭–[글꼴] 그룹에서 [테두리(▦)]의 ▾을 클릭한 후 [모든 테두리(田)]를 클릭합니다.

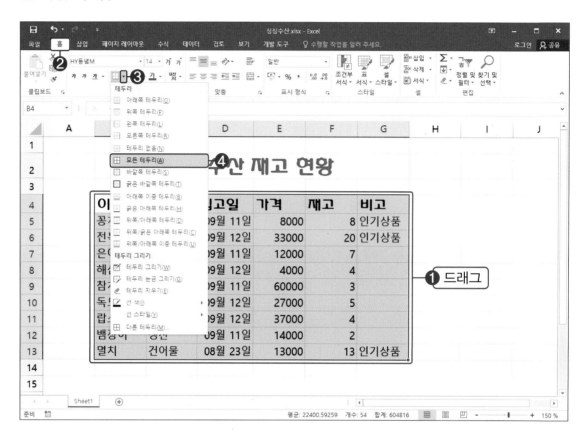

02 [B4:G13] 영역에 완성된 테두리 모양을 확인합니다.

	이름	종류	입고일	가격	재고	비고
			싱싱수산 재고 현황			
이름	종류	입고일	가격	재고	비고
꽁치	생선	09월 11일	8000	8	인기상품
전복	어패류	09월 12일	33000	20	인기상품
은어	생선	09월 11일	12000	7	
해삼	어패류	09월 12일	4000	4	
참치	생선	09월 11일	60000	3	
독도새우	어패류	09월 12일	27000	5	
랍스타	어패류	09월 12일	37000	4	
뱀장어	생선	09월 11일	14000	2	
멸치	건어물	08월 23일	13000	13	인기상품

04 표시 형식 지정

💬 표시 형식 지정

01 표시 형식을 지정하기 위해 [E5:E13] 영역을 드래그하여 범위로 지정합니다.

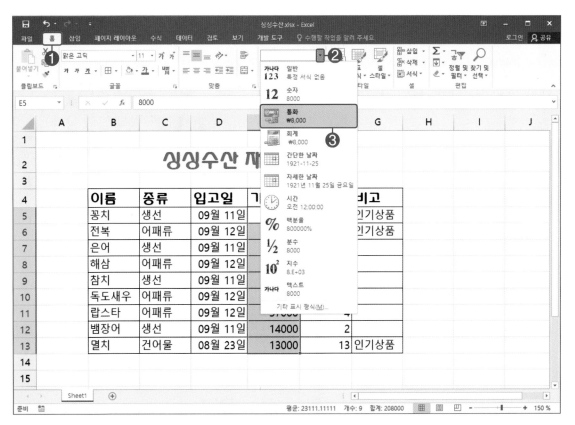

02 [홈] 탭–[표시 형식] 그룹에서 [표시 형식]의 ⬛을 클릭한 후, 목록에서 [통화]를 선택합니다.

💬 표시 형식 사용자 지정

01 [F5:F13] 영역을 드래그하여 범위로 지정한 후, [홈] 탭-[셀] 그룹에서 [서식 (📋)]을 클릭한 후, [셀 서식]을 선택합니다.

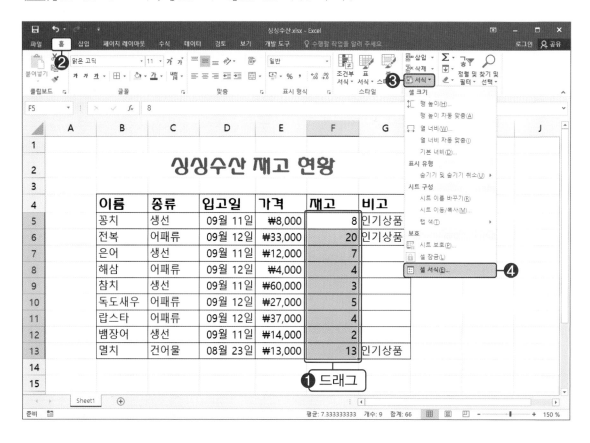

02 [셀 서식] 대화상자가 나타나면 [표시 형식]에서 [사용자 지정]을 선택하고 형식 입력상자에 [G/표준"마리(개)"]를 입력한 후, [확인] 버튼을 클릭합니다.

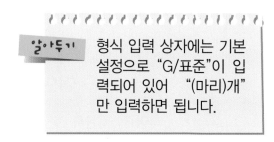

알아두기 형식 입력 상자에는 기본 설정으로 "G/표준"이 입력되어 있어 "(마리)개" 만 입력하면 됩니다.

조건부 서식

셀 강조 규칙

01 [C5:C13] 영역을 드래그하여 범위로 지정하고 [홈] 탭-[스타일] 그룹에서 [조건부 서식(📋)]-[셀 강조 규칙(📋)]-[같음(📋)]을 선택합니다.

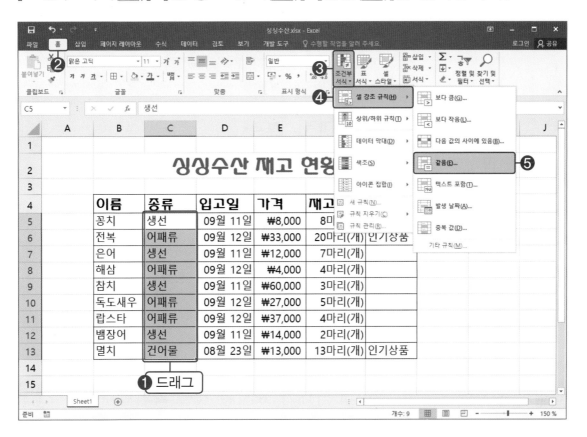

02 [같음] 대화상자가 나타나면 '생선'을 입력하고 [적용할 서식]에서 [진한 빨강 텍스트가 있는 연한 빨강 채우기]를 선택한 후 [확인] 버튼을 클릭합니다.

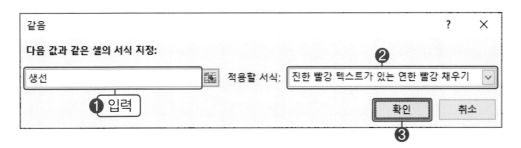

 데이터 막대

01 [F5:F13] 영역을 드래그하여 범위로 지정한 후 [홈] 탭-[스타일] 그룹에서
[조건부 서식(📋)]-[데이터 막대(📊)]-[파랑 데이터 막대(📊)]를 선택합니다.

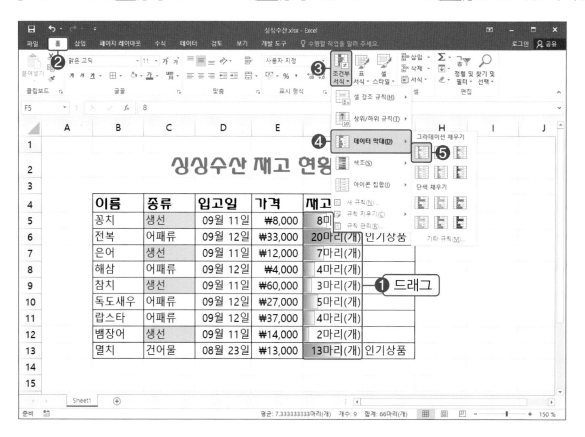

02 입력한 숫자에 맞추어 데이터 막대가 표시된 것을 확인합니다.

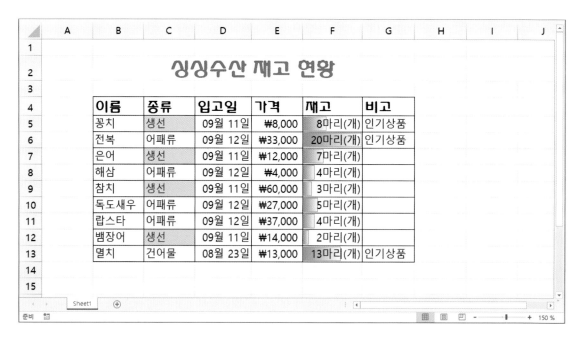

06 표 서식과 셀 스타일

💬 표 서식

01 표 서식을 지정하기 위해 [B4:G13] 영역을 드래그하여 범위를 지정한 후, [홈] 탭-[스타일] 그룹에서 [표 서식(📝)]을 클릭하고 [표 스타일 밝게9(▦)]를 선택합니다.

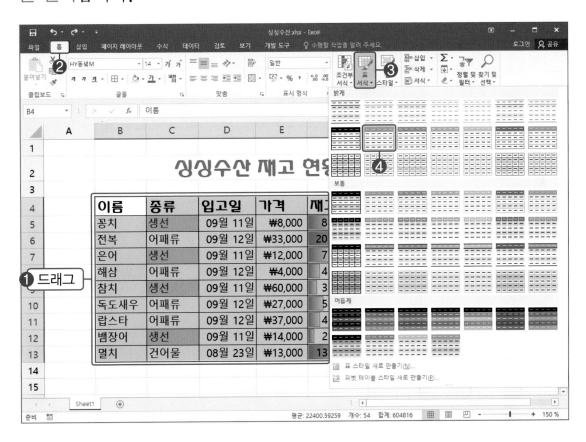

02 [표 서식] 대화상자가 나타나면 '표에 사용할 데이터를 지정하십시오'에 '=$B$4:$G$13'이 입력되어있는지 확인한 후, [확인] 버튼을 클릭합니다.

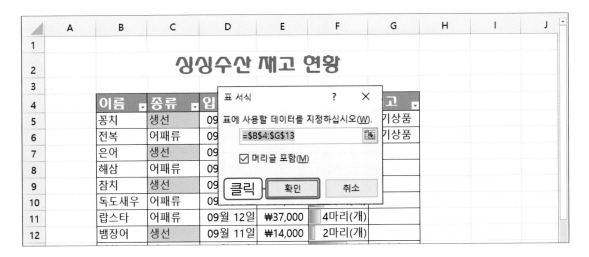

💬 셀 스타일

01 Ctrl 키를 누른 채 [G5] 셀, [G6] 셀, [G13] 셀을 클릭합니다.

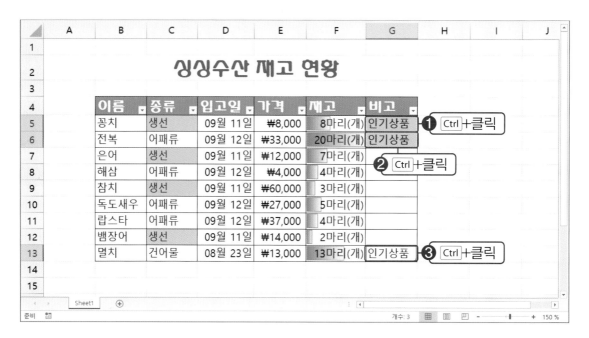

알아두기 Ctrl 키를 누른 채 셀을 클릭하면 서로 떨어져 있는 셀도 같이 선택할 수 있습니다.

02 [홈] 탭-[스타일] 그룹에서 [셀 스타일(📝)]을 클릭하고, '메모'를 선택합니다.

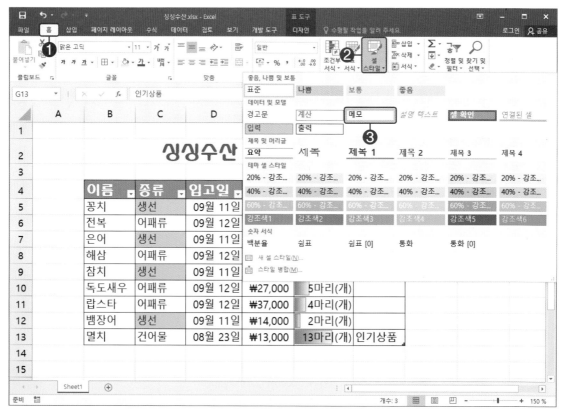

활용마당

⊙ 예제파일 : 골프대회.xlsx ⊙ 결과파일 : 골프대회(완).xlsx

1 파일을 열고 다음과 같이 서식을 지정해 봅니다.

참가번호	이름	연령	타수	등수	상품
S101	강경호	71	111	3	에어컨
S102	차정수	69	124	4	
S103	김찬기	65	108	2	김치냉장고
S104	류형은	65	128	5	
S105	임정우	77	136	6	
S106	김세리	67	102	1	자동차

마포구 시니어 골프 대회

2 다음과 같이 [등수]에 조건부 서식을 적용하고, 표의 스타일을 적용해 봅니다.

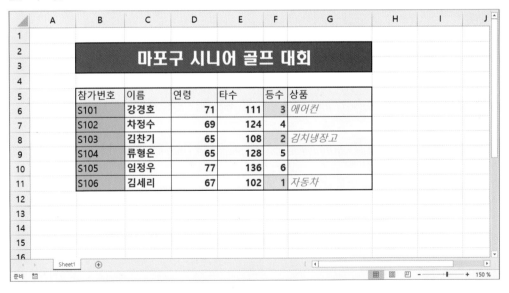

> 🌱 [상위/하위 규칙]-[하위 10개 항목]에서 다음 상위 순위에 속하는 셀의
> 서식지정을 '3'으로 지정합니다.

06 자동 수식 사용하기

평균, 합계, 최대값 구하기, 최소값 구하기 등 간단한 함수를 자동으로 계산하는 방법을 알아보겠습니다.

⊙ 예제파일 : 서점.xlsx ⊙ 결과파일 : 서점(완).xlsx

01 자동 합계

01 '서점.xlsx' 파일을 불러온 후, 자동으로 합계를 구하기 위해 [F5] 셀을 클릭합니다. [수식] 탭-[함수 라이브러리] 그룹에서 [자동 합계(Σ)]의 _{자동 합계}를 클릭하고, [합계]를 선택합니다.

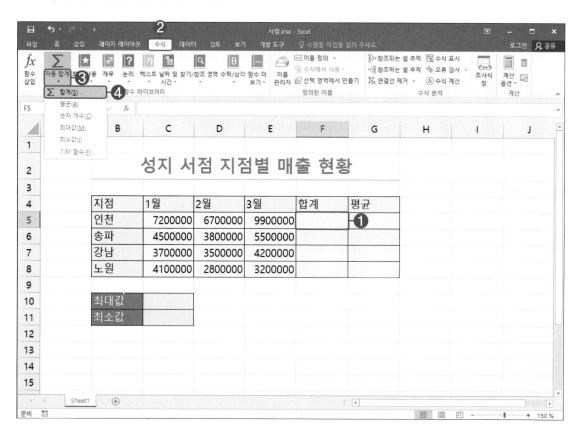

02 다음과 같이 [F5] 셀에 '=SUM(C5:E5)'가 입력된 것을 확인한 후, Enter 키를 누릅니다.

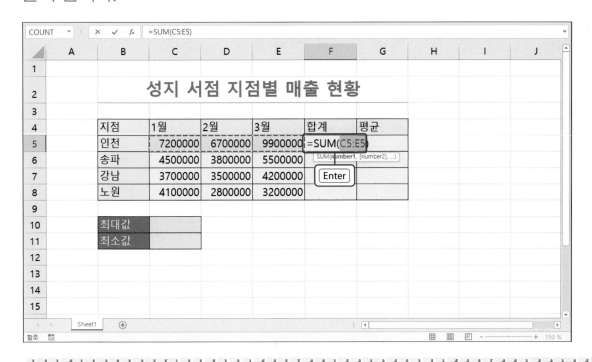

알아두기 수식 입력줄에도 '=SUM(C5:E5)'라고 입력되어 있으며, 수식을 직접 입력해도 같은 계산이 실행됩니다.

03 '인천' 지점의 '1월', '2월', '3월'의 매출 합계가 자동으로 [F5] 셀에 입력됩니다.

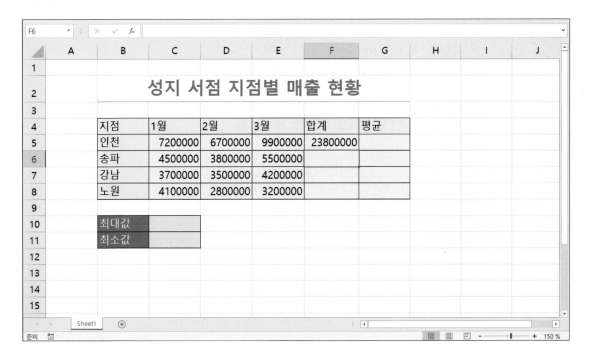

04 [F5] 셀의 채우기 핸들(⁃┃)을 [F8] 셀까지 드래그하여 합계를 구합니다.

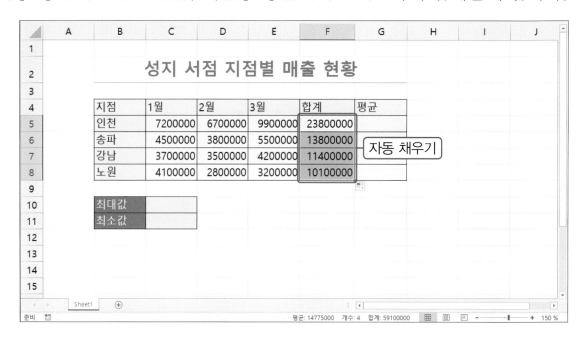

---

02 자동 평균

01 자동으로 평균을 구하기 위해 [G5] 셀을 클릭합니다. [수식] 탭–[함수 라이브러리] 그룹에서 [자동 합계(∑)]의 자동 합계를 클릭한 후, [평균]을 선택합니다.

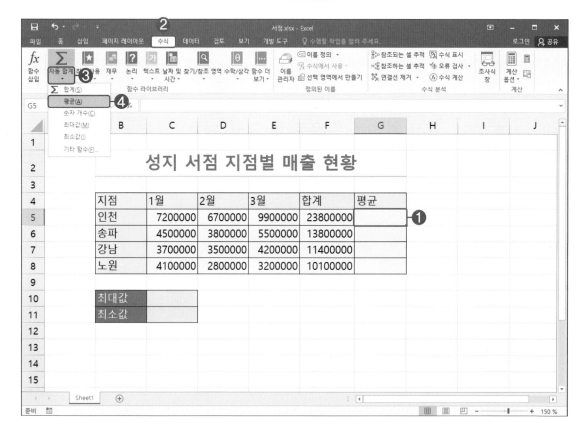

02 [C5:E5] 영역을 드래그하여 범위를 지정한 후, Enter 키를 누릅니다.

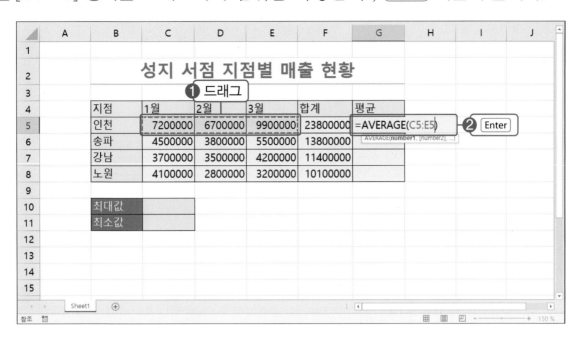

03 '인천' 지점의 '1월', '2월', '3월'의 매출 평균이 자동으로 [G5] 셀에 입력됩니다.

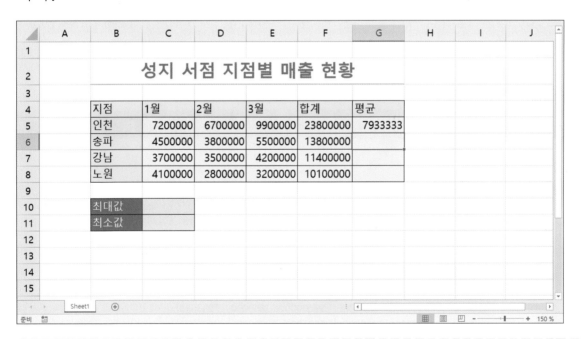

범위를 지정하지 않으면 합계 부분이 계산 범위에 포함되기에, 직접 범위를 지정해야 합니다.

지점	1월	2월	3월	합계	평균
인천	7200000	6700000	9900000	23800000	=AVERAGE(C5:F5)
송파	4500000	3800000	5500000	13800000	
강남	3700000	3500000	4200000	11400000	
노원	4100000	2800000	3200000	10100000	

04 [G5] 셀의 채우기 핸들(⊣)을 [G8] 셀까지 드래그하여 평균을 구합니다.

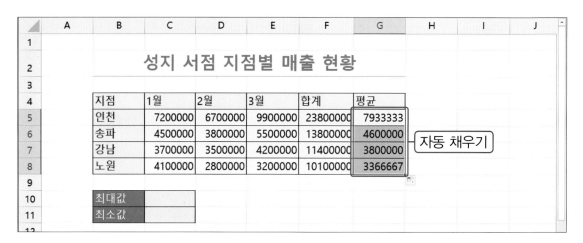

03 최대값과 최소값

💬 최대값

01 [C10] 셀을 클릭합니다. '1월' 매출의 최대값을 구하기 위해 [수식] 탭-[함수 라이브러리] 그룹에서 [자동 합계(∑)]의 자동합계를 클릭한 후, [최대값]을 선택합니다.

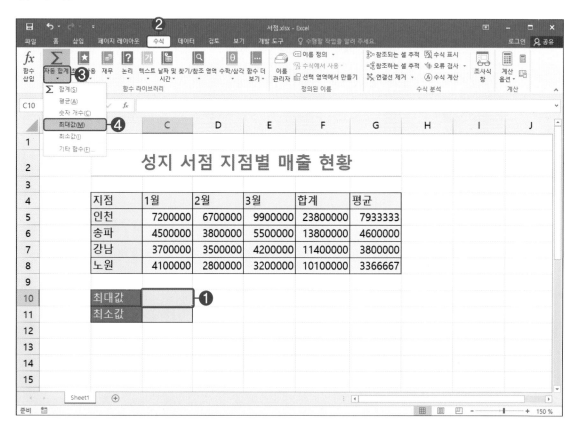

02 [C5:C8] 영역을 드래그하여 최대값을 찾는 범위로 지정한 후, [Enter] 키를 누릅니다.

03 [C10] 셀에 '1월' 매출액의 최대값이 입력된 것을 확인할 수 있습니다.

04 각 행의 최대값을 구하기 위해 [C10] 셀의 채우기 핸들(╌╻)을 [F10] 셀까지 드래그하여 최대값을 구합니다.

 최소값

01 [C11] 셀을 클릭합니다. '1월' 매출의 최소값을 구하기 위해 [수식] 탭–[함수 라이브러리] 그룹에서 [자동 합계(∑)]의 자동합계를 클릭한 후, [최소값]을 선택합니다.

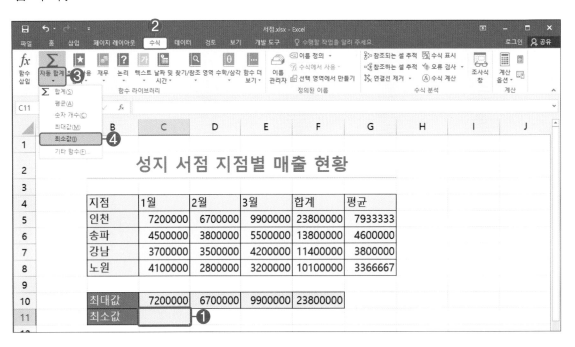

02 [C5:C8] 영역을 드래그하여 최소값을 찾는 범위로 지정한 후, Enter 키를 누릅니다.

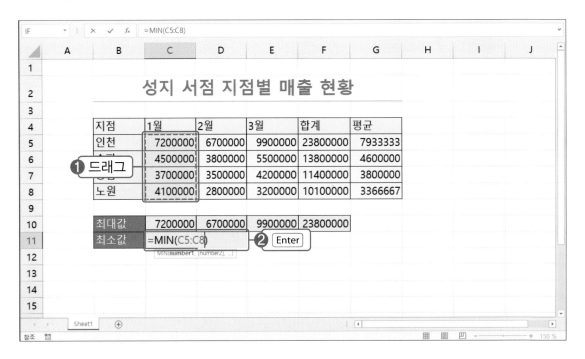

03 [C11] 셀에 '1월' 매출액의 최소값이 입력된 것을 확인한 후, 각 행의 최소 값을 구하기 위해 [C11] 셀의 채우기 핸들(╌▮)을 [F11] 셀까지 드래그하여 최 소값을 구합니다.

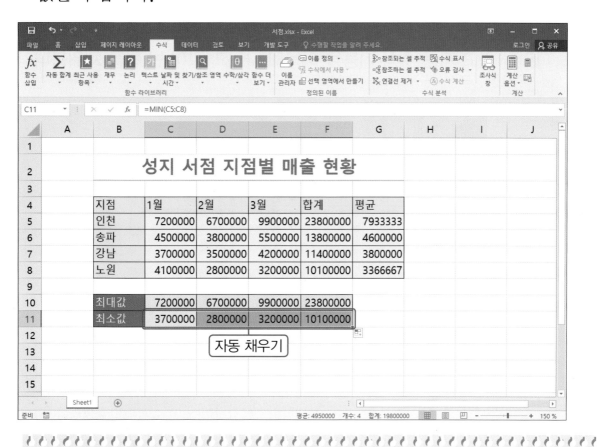

숫자 개수(COUNT 함수)

숫자 개수는 빈 셀을 제외하고 숫자 데이터의 개수를 세는 기능입니다. COUNT 함수와 같은 기능으로 숫자만 입력된 셀을 구하고, 숫자가 조합된 데이터는 제외됩니다. 다만 다 음과 같이 시간, 날짜 데이터는 숫자 데이터로 인식합니다.

활용마당

⊙ 예제파일 : 영어회화.xlsx ⊙ 결과파일 : 영어회화(완).xlsx

1 파일을 열고 자동 수식 기능을 이용해 다음과 같이 빈 칸을 채워봅니다.

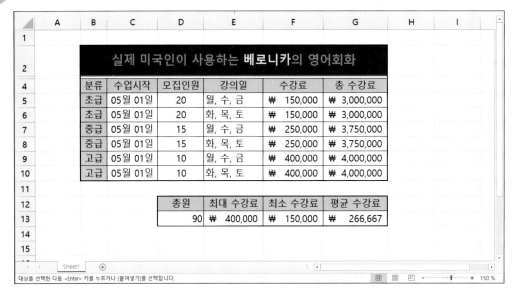

분류	수업시작	모집인원	강의일	수강료	총 수강료
초급	05월 01일	20	월, 수, 금	₩ 150,000	₩ 3,000,000
초급	05월 01일	20	화, 목, 토	₩ 150,000	₩ 3,000,000
중급	05월 01일	15	월, 수, 금	₩ 250,000	₩ 3,750,000
중급	05월 01일	15	화, 목, 토	₩ 250,000	₩ 3,750,000
고급	05월 01일	10	월, 수, 금	₩ 400,000	₩ 4,000,000
고급	05월 01일	10	화, 목, 토	₩ 400,000	₩ 4,000,000

실제 미국인이 사용하는 **베로니카**의 영어회화

총원	최대 수강료	최소 수강료	평균 수강료
90	₩ 400,000	₩ 150,000	₩ 266,667

⊙ 예제파일 : 성과급.xlsx ⊙ 결과파일 : 성과급(완).xlsx

2 파일을 열고 자동 수식 기능을 이용해 다음과 같이 빈 칸을 채워봅니다.

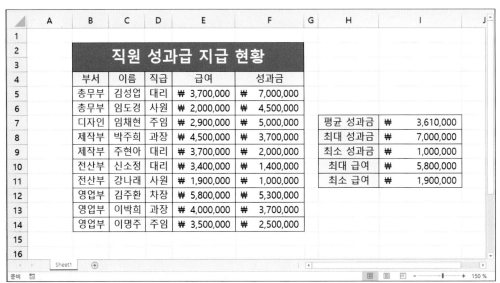

직원 성과급 지급 현황

부서	이름	직급	급여	성과금
총무부	김성업	대리	₩ 3,700,000	₩ 7,000,000
총무부	임도경	사원	₩ 2,000,000	₩ 4,500,000
디자인	임채현	주임	₩ 2,900,000	₩ 5,000,000
제작부	박주희	과장	₩ 4,500,000	₩ 3,700,000
제작부	주현아	대리	₩ 3,700,000	₩ 2,000,000
전산부	신소정	대리	₩ 3,400,000	₩ 1,400,000
전산부	강나래	사원	₩ 1,900,000	₩ 1,000,000
영업부	김주환	차장	₩ 5,800,000	₩ 5,300,000
영업부	이박희	과장	₩ 4,000,000	₩ 3,700,000
영업부	이명주	주임	₩ 3,500,000	₩ 2,500,000

평균 성과금	₩ 3,610,000
최대 성과금	₩ 7,000,000
최소 성과금	₩ 1,000,000
최대 급여	₩ 5,800,000
최소 급여	₩ 1,900,000

07 함수 마법사

함수 마법사를 사용하면 함수에 대한 정보를 얻을 수 있고 손쉽게 함수를 입력할 수 있습니다.

⊙ 예제파일 : 펀드.xlsx ⊙ 결과파일 : 펀드(완).xlsx

01 함수 마법사 사용하기

이자율을 확인하는 함수인 'PMT' 함수를 찾기 위해 [수식] 탭–[함수 라이브러리] 그룹에서 [함수 삽입(fx)]을 클릭합니다.

■ 방법-1

[함수 마법사] 대화상자가 나타나면 [범주 선택]을 '재무'로 설정하고 [함수 선택] 창에서 'PMT'를 클릭한 후, [확인] 버튼을 클릭합니다.

■ 방법-2

[함수 마법사] 대화상자가 나타나면 [함수 검색]에 'PMT'를 입력하고 [검색] 버튼을 클릭합니다. [함수 선택] 창에서 'PMT'를 클릭한 후, [확인] 버튼을 클릭합니다.

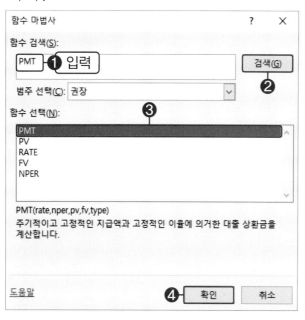

■ 방법-3

[함수 마법사] 대화상자가 나타나면 [함수 검색]에 '이자율'을 입력하고 [검색] 버튼을 클릭합니다. [함수 선택] 창에서 'PMT'를 클릭한 후, [확인] 버튼을 클릭합니다.

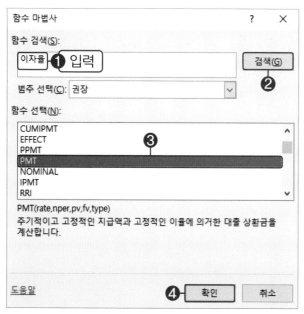

02 SUM

01 '펀드.xlsx' 파일을 불러온 후, 숫자들의 합계를 구하는 'SUM' 함수를 사용하기 위해 [C12] 셀을 클릭한 후, [수식] 탭-[함수 라이브러리] 그룹에서 [함수 삽입(*fx*)]을 클릭합니다.

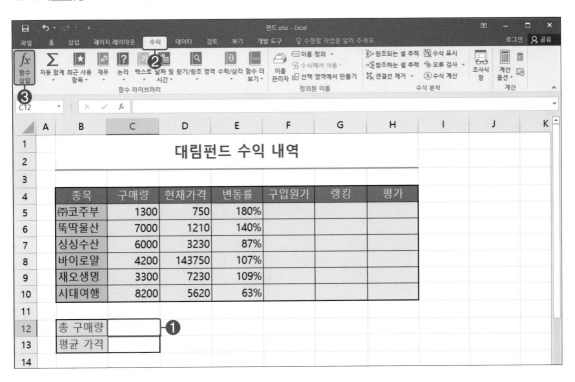

02 [함수 마법사] 대화상자가 나타나면 [범주 선택]을 '수학/삼각'으로 설정하고 [함수 선택] 창에서 'SUM' 함수를 선택한 후, [확인] 버튼을 클릭합니다.

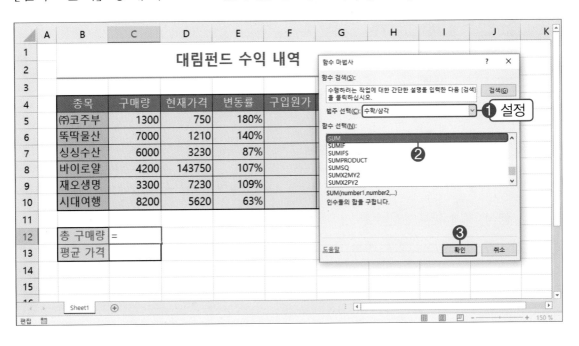

03 [함수 인수] 대화상자가 나타납니다. 'Number1'에 'C5:C10'을 입력하고 [확인] 버튼을 클릭합니다.

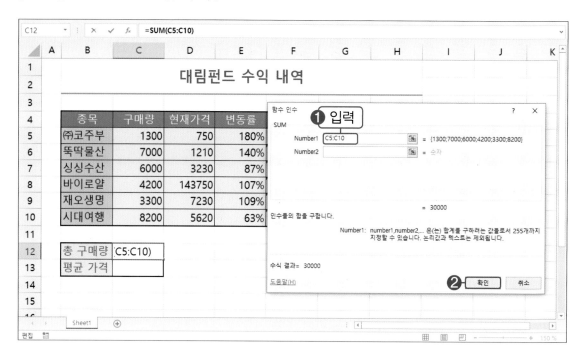

04 [C12] 셀에 '구매량'의 합계인 '총 구매량'이 입력되었습니다.

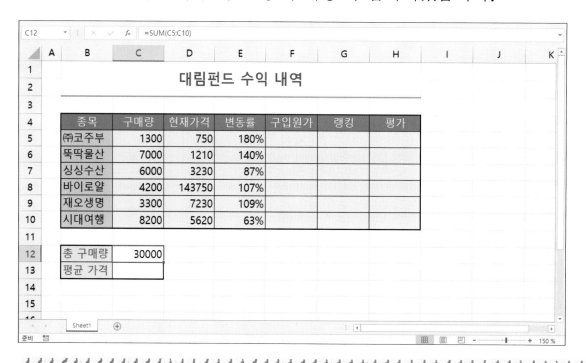

알아두기 **형식** : SUM(인수1, 인수2, ...)

03 AVERAGE

01 숫자들의 평균을 구하는 'AVERAGE' 함수를 사용하기 위해 [C13] 셀을 클릭한 후, [수식] 탭-[함수 라이브러리] 그룹에서 [함수 삽입(*fx*)]을 클릭합니다.

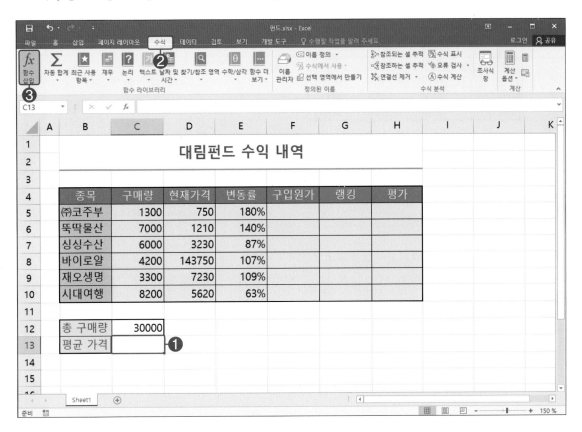

02 [함수 마법사] 대화상자가 나타나면 [범주 선택]을 '통계'로 설정하고 [함수 선택] 창에서 'AVERAGE' 함수를 선택한 후, [확인] 버튼을 클릭합니다.

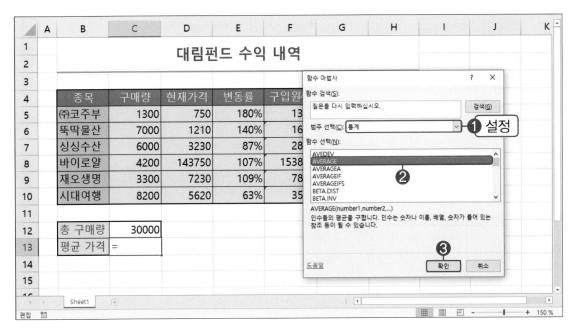

03 [함수 인수] 대화상자가 나타나면 [D5:D10] 영역을 드래그하여 'Number1'에 'D5:D10'을 입력한 후, [확인] 버튼을 클릭합니다.

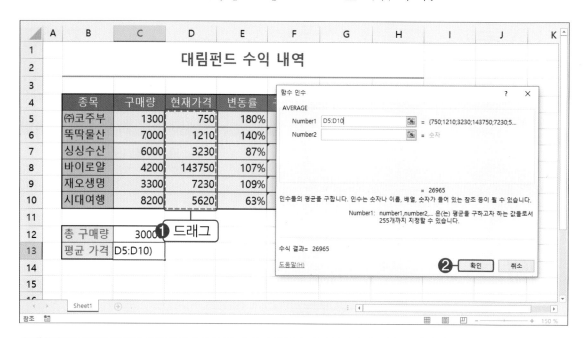

> **알아두기** 함수의 인수를 직접 입력하지 않고, 워크시트의 셀을 클릭하거나, 영역을 드래그하여도 인수 값이 입력됩니다.

04 [C13] 셀에 '현재가격'의 평균인 '평균 가격'이 입력되었습니다.

종목	구매량	현재가격	변동률	구입원가	랭킹	평가
㈜코주부	1300	750	180%			
뚝딱물산	7000	1210	140%			
싱싱수산	6000	3230	87%			
바이로얄	4200	143750	107%			
재오생명	3300	7230	109%			
시대여행	8200	5620	63%			
총 구매량	30000					
평균 가격	26965					

대림펀드 수익 내역

> **알아두기** 형식 : AVERAGE(인수1, 인수2, ...)

04 PRODUCT

01 숫자를 모두 곱하는 'PRODUCT' 함수를 사용하기 위해 [F5] 셀을 선택하고 [수식] 탭-[함수 라이브러리] 그룹-[함수 삽입(*fx*)]을 클릭합니다. [함수 마법사] 대화상자가 나타나면 [범주 선택]을 '수학/삼각'으로 설정하고 [함수 선택] 창에서 'PRODUCT' 함수를 선택한 후, [확인] 버튼을 클릭합니다.

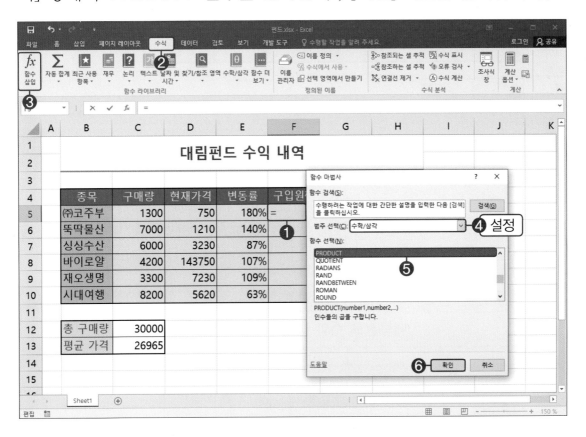

02 [함수 인수] 대화상자가 나타나면 'Number1'에 'D5:E5'를 입력하고 [확인] 버튼을 클릭합니다.

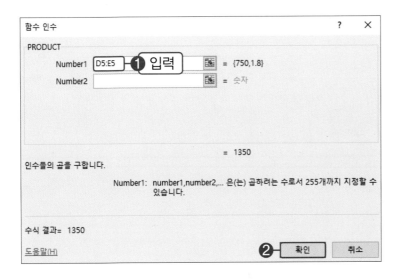

03 [F5] 셀에 '㈜코주부'의 '현재가격'과 '원가비율'의 곱인 '구입원가'가 입력되었습니다.

종목	구매량	현재가격	변동률	구입원가	랭킹	평가
㈜코주부	1300	750	180%	1350		
뚝딱물산	7000	1210	140%			
싱싱수산	6000	3230	87%			
바이로얄	4200	143750	107%			
재오생명	3300	7230	109%			
시대여행	8200	5620	63%			

총 구매량	30000
평균 가격	26965

04 [F5] 셀의 채우기 핸들(▪|)을 [F10] 셀까지 드래그하여 다음과 같이 자동으로 '구입원가'를 구합니다.

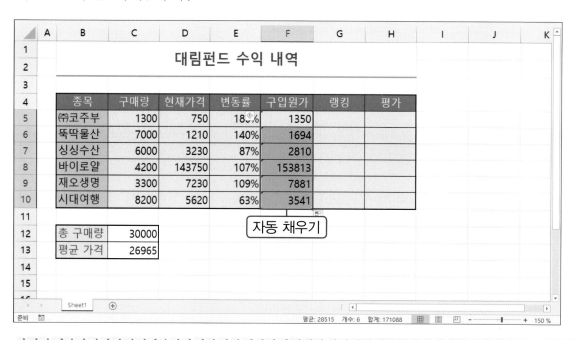

종목	구매량	현재가격	변동률	구입원가	랭킹	평가
㈜코주부	1300	750	180%	1350		
뚝딱물산	7000	1210	140%	1694		
싱싱수산	6000	3230	87%	2810		
바이로얄	4200	143750	107%	153813		
재오생명	3300	7230	109%	7881		
시대여행	8200	5620	63%	3541		

자동 채우기

총 구매량	30000
평균 가격	26965

알아두기 **형식 :** PRODUCT(인수1, 인수2, ...)

01 목록 내에서 크기의 순위를 구하는 'RANK' 함수를 사용하기 위해 [G5] 셀을 선택하고 [수식] 탭–[함수 라이브러리] 그룹에서 [함수 삽입(*fx*)]을 클릭합니다. [함수 마법사] 대화상자가 나타나면 [범주 선택]을 '모두'로 선택하고 [함수 선택] 창에서 'RANK'를 선택한 후, [확인] 버튼을 클릭합니다.

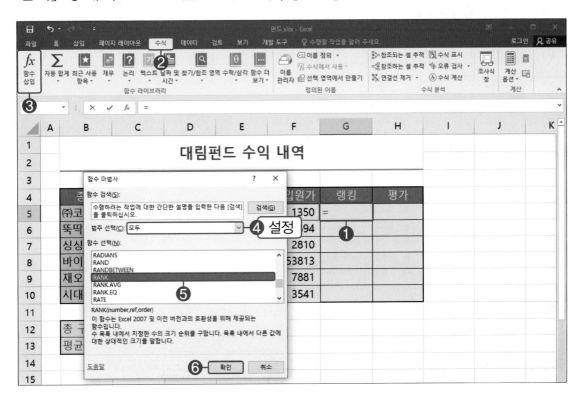

02 [함수 인수] 대화상자가 나타나면 'Number1'에 'E5'를 입력하고 'Ref'에는 [E5:E10] 영역을 드래그한 후, [F4] 키를 눌러 '$E$5:$E$10'가 입력되면 [확인] 버튼을 클릭합니다.

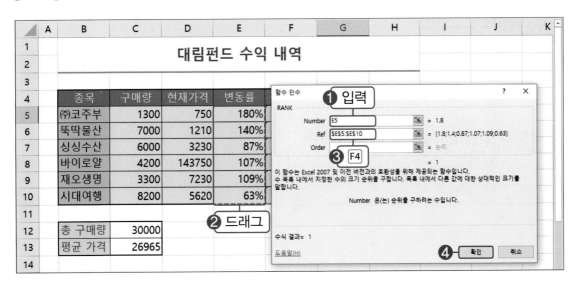

03 [E5]셀의 값이 [E5:E10] 영역 사이에서 가장 높기 때문에 [G5] 셀에 '1'이 입력되었습니다.

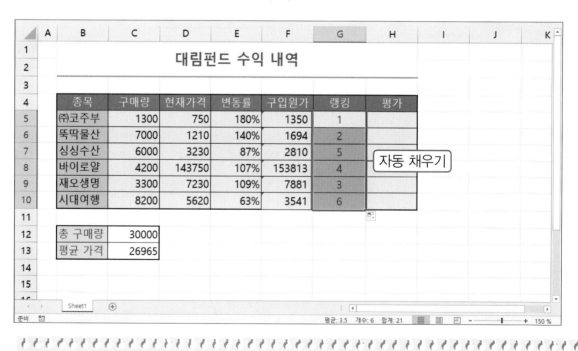

04 [G5] 셀의 채우기 핸들(-┃)을 [G10] 셀까지 드래그하여 다음과 같이 자동으로 '변동률'이 높은 순위를 구합니다.

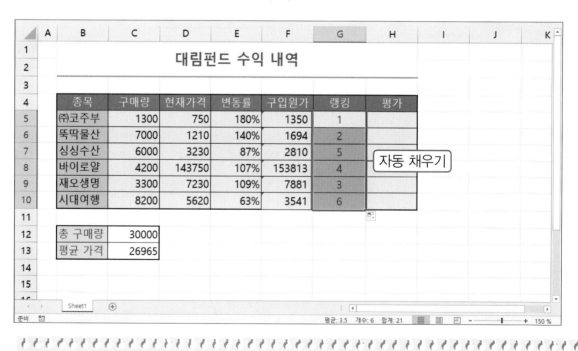

알아두기
- **형식** : RANK(인수, 범위, 논리값)
- RANK 함수의 논리값을 생략하거나 0을 입력하면 내림차순(가장 큰 값이 1위) 정렬하며, 다른 값이 들어가면 오름차순(가장 작은 값이 1위) 정렬합니다.

엑셀의 참조

참조는 셀의 주소를 사용하여 셀에 입력된 값을 가져오는 방식입니다. 참조하는 방식에 따라 '절대 참조', '상대 참조', '혼합 참조'로 나누어져 있으며, 채우기 핸들(⬚)을 사용할 때 주로 사용됩니다.

- 절대 참조 : 수식을 복사할 경우, 셀 주소가 절대로 변하지 않으며, 주소의 행 값과 열 값에 '$'가 있습니다.
- 상대 참조 : 수식을 복사할 경우, 셀 주소가 변하면 같이 변합니다. '$'을 사용하지 않습니다.
- 혼합 참조 : 수식을 복사할 경우, 셀 주소가 일부만 변하는데, 행과 열에 변하지 않는 주소에만 '$'를 입력합니다.

다음은 본문을 RANK 함수를 사용한 후, 셀에 채우기 핸들(⬚)을 이용하여 자동 채우기를 실행한 것입니다.

순위	
1	=RANK(E5,$E$5:$E$10)
2	=RANK(E6,$E$5:$E$10)
5	=RANK(E7,$E$5:$E$10)
4	=RANK(E8,$E$5:$E$10)
3	=RANK(E9,$E$5:$E$10)

상대 참조   절대 참조

자동 채우기를 실행하니 '상대 참조' 영역은 바뀌지만, '절대 참조' 영역은 바뀌지 않습니다. '혼합 참조'는 이러한 '상대 참조'와 '절대 참조'의 혼합입니다.

셀 주소를 입력하고 F4 키를 누를 때마다 다음과 같이 변경됩니다.
H4(상대 참조) →$H$4(절대 참조) →H$4(혼합 참조) →$H4(혼합 참조) →H4(상대 참조)

06 IF

01 참과 거짓일 때 서로 다른 값을 반환하는 'IF' 함수를 사용하기 위해 [H5] 셀을 선택하고 [수식] 탭-[함수 라이브러리] 그룹에서 [함수 삽입(*fx*)]을 클릭합니다. [함수 마법사] 대화상자가 나타나면 [범주 선택]을 '논리'로 설정하고 [함수 선택] 창에서 'IF' 함수를 선택한 후, [확인] 버튼을 클릭합니다.

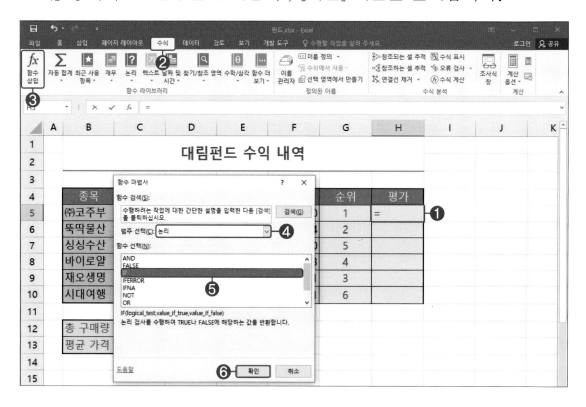

02 [함수 인수] 대화상자가 나타나면 'Logical_test'에 'E5>=100%'를 입력하고 'Value_if_true'에는 '손해'를 입력하고 'Value_if_false'에는 '이익'을 입력한 후, [확인] 버튼을 클릭합니다.

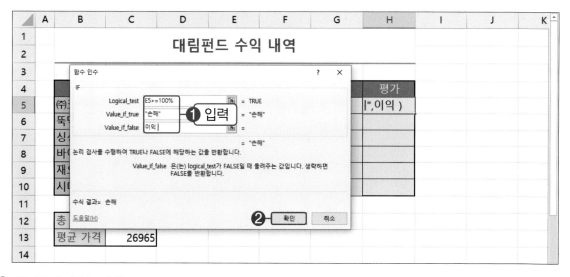

03 [E5] 셀의 값이 100% 이상이기에 [H5] 셀에 '손해'가 입력되었습니다. 만약 [E5] 셀의 값이 100% 미만이라면 '이익'이 입력됩니다.

	종목	구매량	현재가격	변동률	구입원가	순위	평가
5	㈜코주부	1300	750	180%	1350	1	손해
6	뚝딱물산	7000	1210	140%	1694	2	
7	싱싱수산	6000	3230	87%	2810	5	
8	바이로얄	4200	143750	107%	153813	4	
9	재오생명	3300	7230	109%	7881	3	
10	시대여행	8200	5620	63%	3541	6	
12	총 구매량	30000					
13	평균 가격	26965					

대림펀드 수익 내역

> **알아두기** [H5] 셀의 서식이 바뀐 것은 사전에 조건부 서식을 적용해 두었기 때문입니다.

04 [H5] 셀의 채우기 핸들(┳)을 [H10] 셀까지 드래그합니다. 다음과 같이 자동으로 '이익'과 '손해'가 입력되는 것을 확인합니다.

	종목	구매량	현재가격	변동률	구입원가	순위	평가
5	㈜코주부	1300	750	180%	1350	1	손해
6	뚝딱물산	7000	1210	140%	1694	2	손해
7	싱싱수산	6000	3230	87%	2810	5	이익
8	바이로얄	4200	143750	107%	153813	4	손해
9	재오생명	3300	7230	109%	7881	3	손해
10	시대여행	8200	5620	63%	3541	6	이익
12	총 구매량	30000					
13	평균 가격	26965					

대림펀드 수익 내역

자동 채우기

활용마당

⊙ 예제파일 : 중간고사.xlsx ⊙ 결과파일 : 중간고사(완).xlsx

1 파일을 열고 '평균'과 '순위'를 함수를 사용해 입력해 봅니다.

번호	이름	국어	영어	수학	사회	과학	평균	순위	재시험
				2학년 2반 중간고사 평가					
1	고산	70	85	77	74	81	77.4	7	
2	김준호	80	91	87	84	82	84.8	6	
3	류민규	94	92	93	92	98	93.8	3	
4	명현제	75	78	100	77	100	86	5	
5	박수봉	37	34	42	28	41	36.4	11	
6	성유라	66	68	72	74	66	69.2	9	
7	임상현	92	88	100	97	94	94.2	2	
8	조상우	74	87	74	76	54	73	8	
9	채현민	93	92	98	96	93	94.4	1	
10	탁종우	69	62	55	58	58	60.4	10	
11	홍주임	82	84	100	85	98	89.8	4	

2 평균 점수가 70점 미만인 학생들은 재시험 이라고 입력되도록 'IF' 함수를 사용해 봅니다.

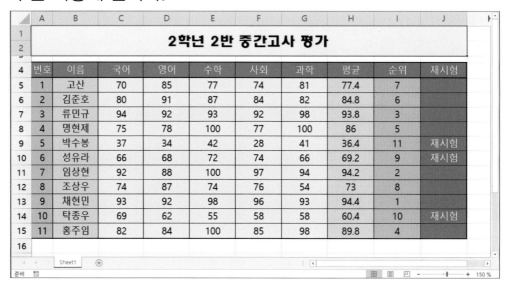

번호	이름	국어	영어	수학	사회	과학	평균	순위	재시험
				2학년 2반 중간고사 평가					
1	고산	70	85	77	74	81	77.4	7	
2	김준호	80	91	87	84	82	84.8	6	
3	류민규	94	92	93	92	98	93.8	3	
4	명현제	75	78	100	77	100	86	5	
5	박수봉	37	34	42	28	41	36.4	11	재시험
6	성유라	66	68	72	74	66	69.2	9	재시험
7	임상현	92	88	100	97	94	94.2	2	
8	조상우	74	87	74	76	54	73	8	
9	채현민	93	92	98	96	93	94.4	1	
10	탁종우	69	62	55	58	58	60.4	10	재시험
11	홍주임	82	84	100	85	98	89.8	4	

08 데이터 분석하기

데이터 정렬, 유효성 검사, 필터 기능으로 많은 데이터를 쉽게 관리하는 방법을
알아보겠습니다

◉ 예제파일 : 푸드트럭.xlsx ◉ 결과파일 : 푸드트럭(완).xlsx

 **정렬**

■ **방법-1**

01 푸드트럭.xlsx' 파일을 불러온 후, [B5] 셀을 선택하고, [데이터] 탭-[정렬 및
필터] 그룹에서 [정렬(⊞)]을 클릭합니다.

02 [정렬] 대화상자가 나타나면 다음과 같이 [정렬 기준]은 '판매지역', '값', '오름차순'으로 설정한 후, [확인] 버튼을 클릭합니다.

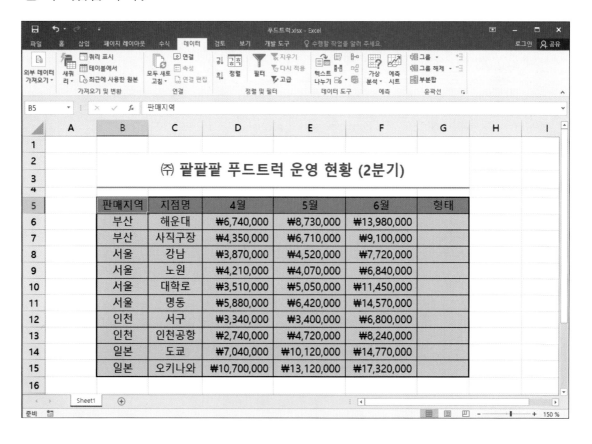

> **알아두기** 오름차순과 내림차순
>
> • **오름차순** : 양 또는 수가 차례로 늘어가는 정렬로 최소값에서 최대값 순으로 정렬합니다. 글자의 경우 ㄱ부터 ㅎ(A부터 Z) 순으로 정렬합니다.
> • **내림차순** : 양 또는 수가 차례로 줄어가는 정렬로 최대값부터 최소값 순으로 정렬합니다. 글자의 경우 ㅎ부터 ㄱ(Z부터 A) 순으로 정렬합니다.

03 다음과 같이 '판매지역' 데이터를 기준으로 오름차순으로 정렬된 것을 확인할 수 있습니다.

■ 방법-2

01 [B5] 셀을 선택하고 [데이터] 탭-[정렬 및 필터] 그룹에서 [텍스트 오름차순 정렬(ぎ↓)]을 클릭합니다.

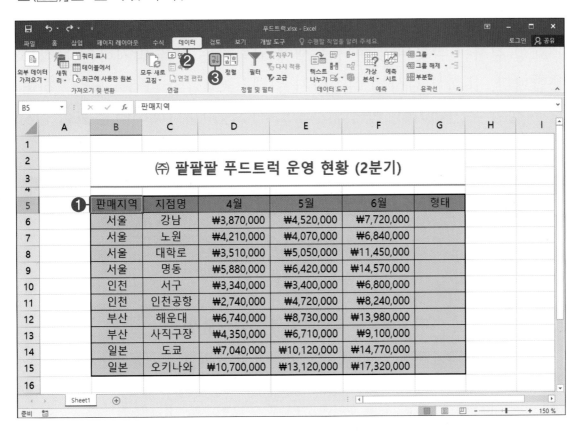

02 다음과 같이 '판매지역' 데이터를 기준으로 오름차순으로 정렬된 것을 확인할 수 있습니다.

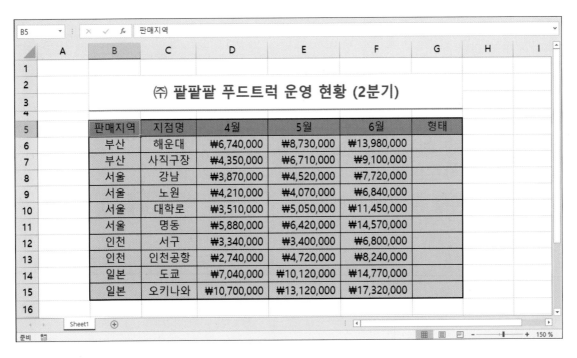

유효성 검사 설정

01 유효성 검사는 잘못된 데이터를 셀에 입력하는 것을 방지하는 목적으로 사용합니다. 유효성 검사를 설정하기 위해 [G6:G15] 영역을 드래그하여 범위로 지정한 후, [데이터] 탭-[데이터 도구] 그룹에서 [데이터 유효성 검사(圖)]의 █을 클릭한 후, [데이터 유효성 검사]를 선택합니다.

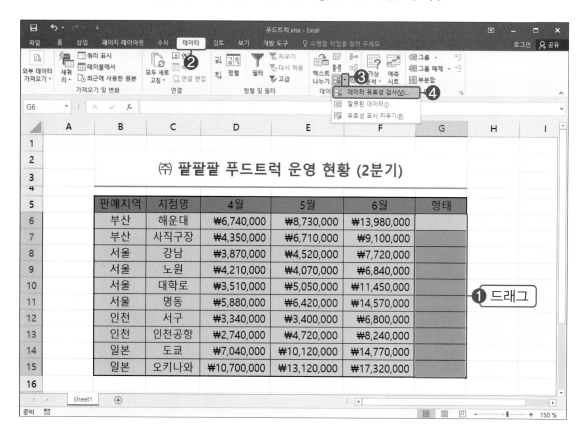

02 [데이터 유효성] 대화상자에서 [제한 대상]은 '목록'으로 설정하고 [원본]에는 '매장,푸드트럭'이라 입력한 후, [확인] 버튼을 클릭합니다.

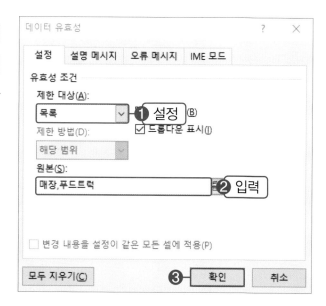

03 [G6] 셀을 선택하고 [드롭다운 목록 상자(▼)]를 클릭한 후, 목록 중 '매장'과 '푸드트럭' 중에서 '매장'을 선택하여 '매장'을 입력합니다.

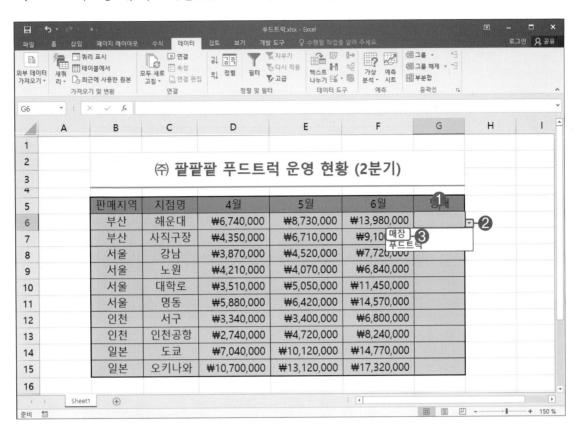

04 데이터 유효성의 범위로 지정한 [G7:G15] 영역에 다음과 같이 [드롭다운 목록 상자(▼)]를 이용하여 데이터를 입력합니다.

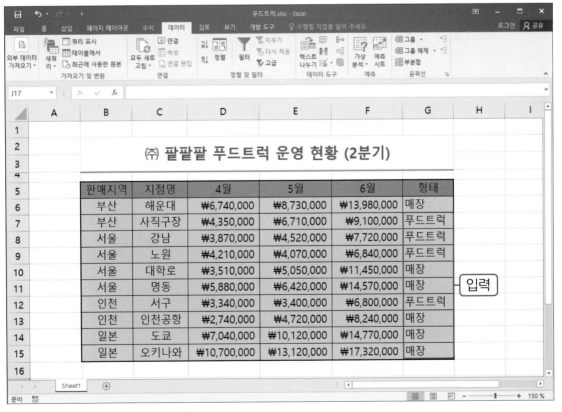

05 [G6] 셀에 목록에 없는 데이터인 '공사중'을 입력한 후, Enter 키를 누르면 [이 값은 이 셀에 정의된 데이터 유효성 검사 제한에 부합하지 않습니다.] 라는 경고 메시지가 나타납니다. [취소] 버튼을 클릭합니다.

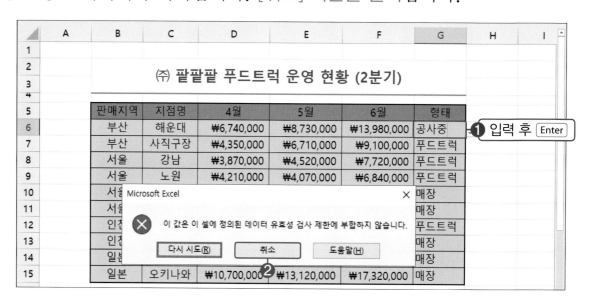

유효성 검사 지우기

01 [G6:G15] 영역을 드래그해서 범위를 지정한 후 [데이터] 탭–[데이터 도구] 그룹에서 [데이터 유효성 검사(📋)]의 ▪을 클릭하여 [데이터 유효성 검사]를 선택합니다.

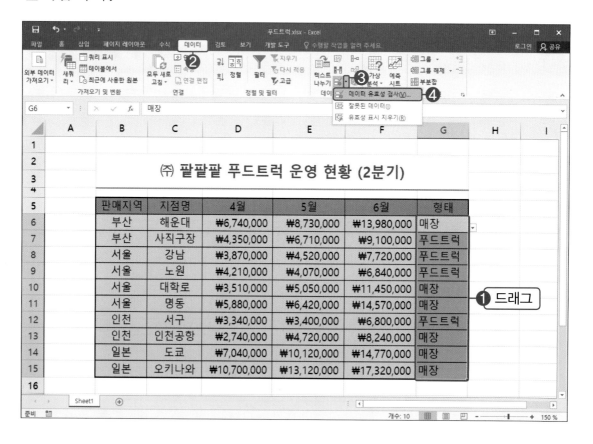

02 [데이터 유효성] 대화상자가 나타나면 [모두 지우기] 버튼을 클릭합니다. 설정했던 내용들이 초기화 되어 [제한 대상]이 '모든 값'으로 변한 것을 확인한 후, [확인] 버튼을 클릭합니다.

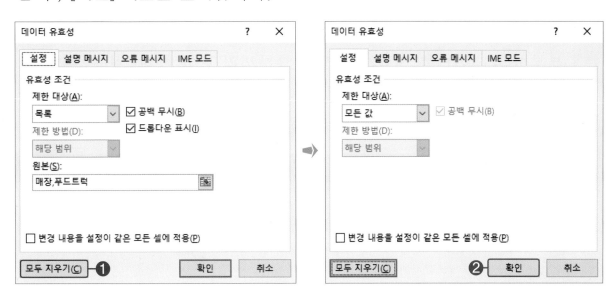

03 유효성 검사를 지정했던 [G6] 셀을 클릭해도, [드롭다운 목록 상자(▼)]가 나타나지 않습니다.

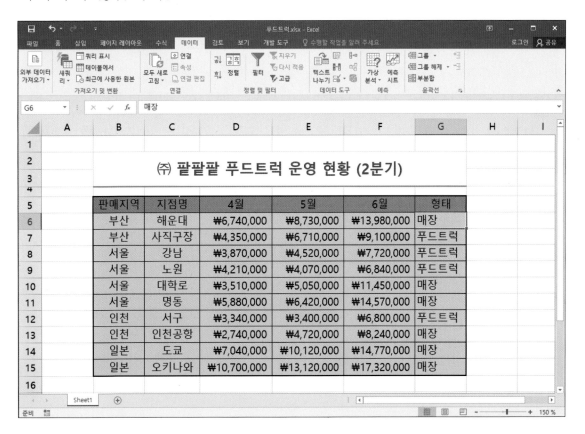

부분합 설정하기

01 부분합은 데이터를 정렬해서 같은 그룹끼리 모아 합계, 평균, 통계 등을 요약하여 요약행을 삽입하는 기능입니다. 부분합을 설정하기 위해 [B5] 셀을 선택하고 [데이터] 탭–[윤곽선] 그룹에서 [부분합(🔳)]을 클릭합니다.

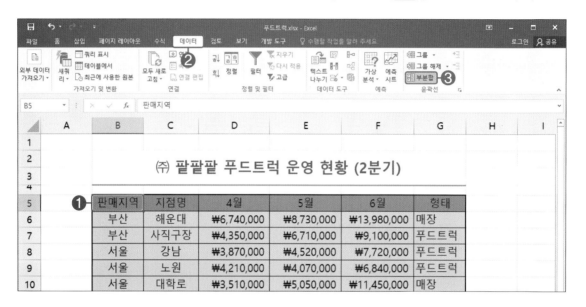

02 [부분합] 대화상자가 나타나면 [그룹화할 항목]은 '판매지역', [사용할 함수]는 '합계'로, [부분합 계산 항목]은 '4월', '5월', '6월'로 설정한 후, [확인] 버튼을 클릭합니다.

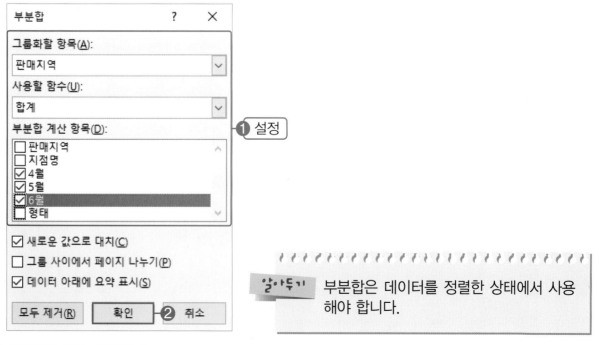

알아두기 부분합은 데이터를 정렬한 상태에서 사용해야 합니다.

03 '판매 지역'별 총합계를 확인할 수 있습니다. 추가로 부분합의 평균값을 표시하기 위해 [B5] 셀을 클릭하고, [데이터] 탭–[윤곽선] 그룹에서 [부분합(▦)]을 클릭합니다.

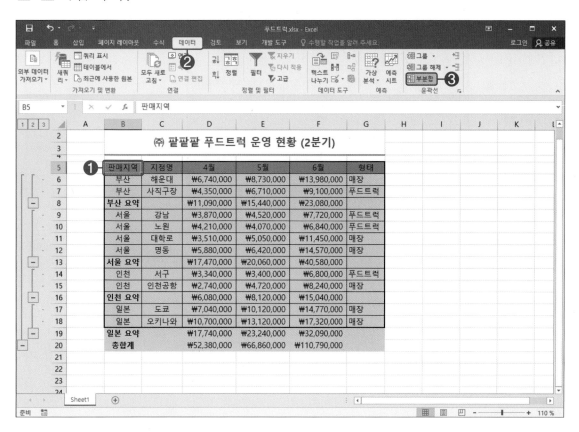

04 [부분합] 대화상자가 나타나면 [그룹화할 항목]은 '판매지역', [사용할 함수]는 '평균'으로, [부분합 계산 항목]은 '4월', '5월', '6월'로 설정한 후, [새로운 값으로 대치]를 클릭하여 체크를 해제한 후 [확인] 버튼을 클릭합니다.

05 다음과 같이 지역별 합계와 평균을 확인할 수 있습니다.

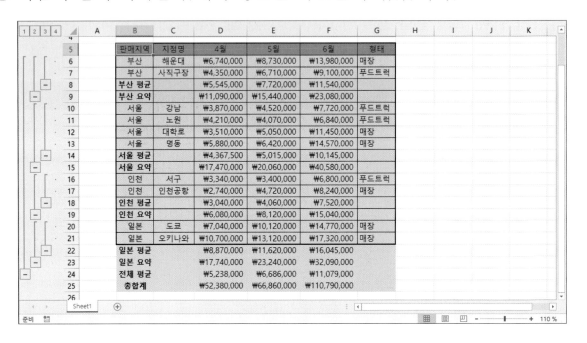

윤곽 지우기

[데이터] 탭–[윤곽선] 그룹에서 [그룹 해제(⬛)]의 ⬛을 클릭한 후, [윤곽 지우기]를 선택합니다.

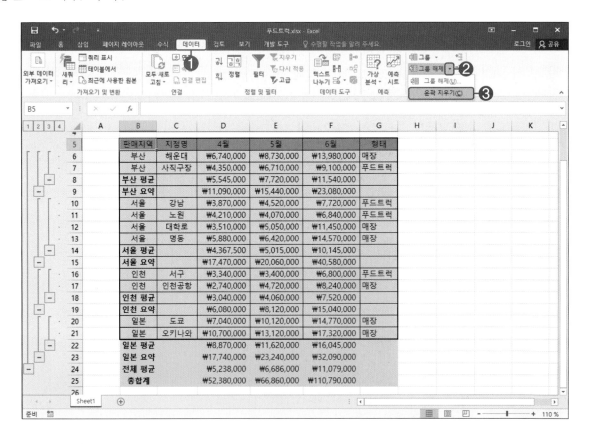

부분합 삭제하기

01 부분합을 삭제하기 위해 [B5] 셀을 선택하고, [데이터] 탭-[윤곽선] 그룹에서 [부분합(▦)]을 클릭합니다. [부분합] 대화상자가 나타나면 [모두 제거] 버튼을 클릭합니다.

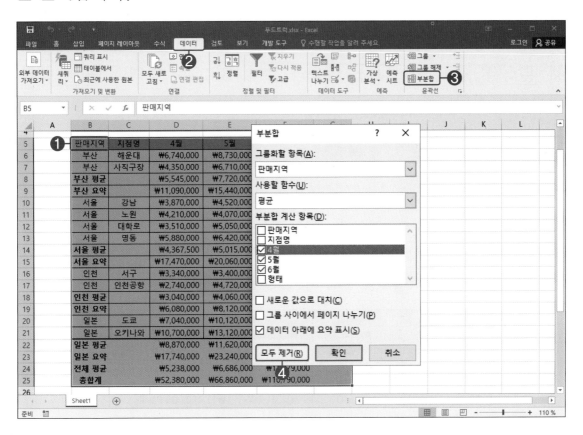

02 부분합이 제거된 것을 확인할 수 있습니다.

💬 정렬

01 많은 데이터 중 원하는 데이터만 표시하는 작업을 필터라고 합니다. 자동
필터를 지정하기 위해 [B5] 셀을 선택하고 [데이터] 탭–[정렬 및 필터] 그룹에
서 [필터(▼)]를 클릭합니다. 다음과 같이 [B5:G5] 영역에 [필터 목록(▼)]
버튼이 표시됩니다.

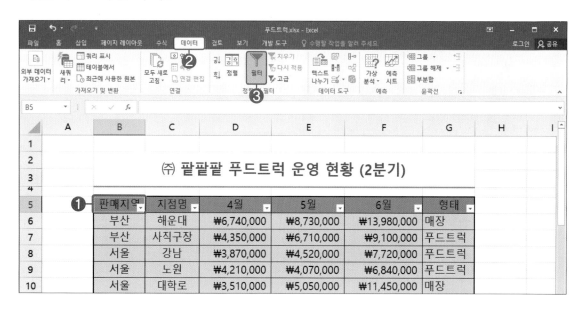

02 [D5] 셀의 [필터 목록(▼)] 버튼을 클릭하고 [숫자 내림차순 정렬(횤↓)]을 선택합
니다.

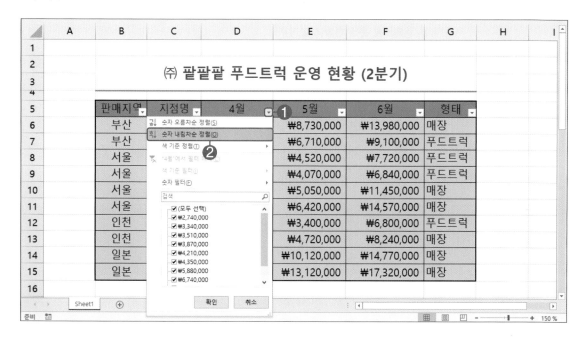

03 '4월'의 숫자 데이터가 내림차순으로 정렬된 것을 확인할 수 있습니다.

💬 텍스트 필터

01 '형태'가 '푸드트럭'인 데이터만 표시하기 위해 [G5] 셀의 [필터 목록(▾)] 버튼을 클릭한 후, '매장'을 클릭하여 체크를 해제한 후, [확인] 버튼을 클릭합니다.

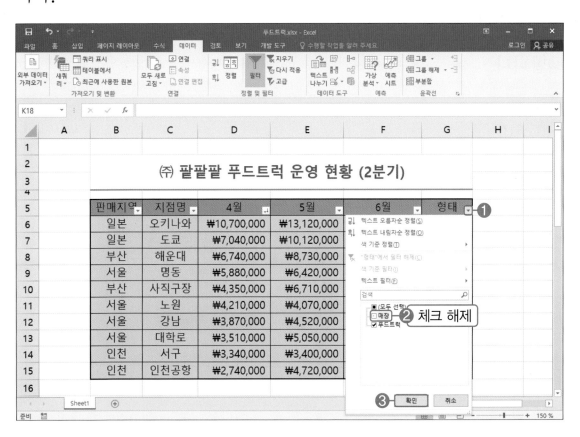

02 '형태'가 '푸드트럭'인 데이터만 표시됩니다.

🔖 **알아두기** 필터링된 셀의 [필터 목록(▼)] 버튼이 🔽 모양으로 변하고, 행 머리글은 파란색으로 변경됩니다.

💬 숫자 필터

01 [E5] 셀의 [필터 목록(▼)] 버튼을 클릭하고, [숫자 필터]–[작거나 같음]을 선택합니다.

02 [사용자 지정 자동 필터] 대화상자가 나타나면 '찾을 조건'에 '5000000'으로 입력하고 [확인] 버튼을 클릭합니다.

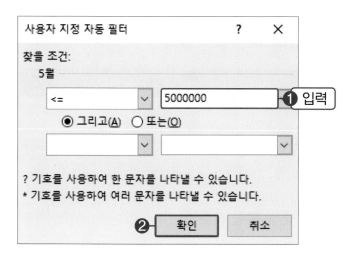

03 '5월'의 숫자 데이터가 '₩5,000,000' 이하인 데이터만 표시됩니다.

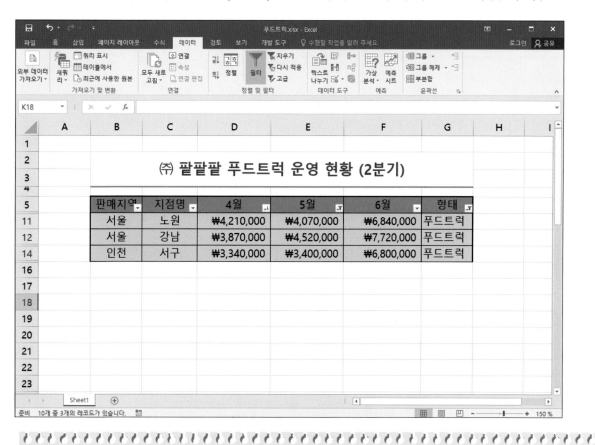

알아두기   여러 필드에 조건이 설정되어 있을 경우 조건을 모두 만족하는 데이터만 표시됩니다.

 **필터 지우기**

01 [B5] 셀을 선택한 후 지정되어 있는 필터를 모두 지우기 위해 [데이터] 탭-
[정렬 및 필터] 그룹에서 [지우기(🔽)]를 클릭합니다.

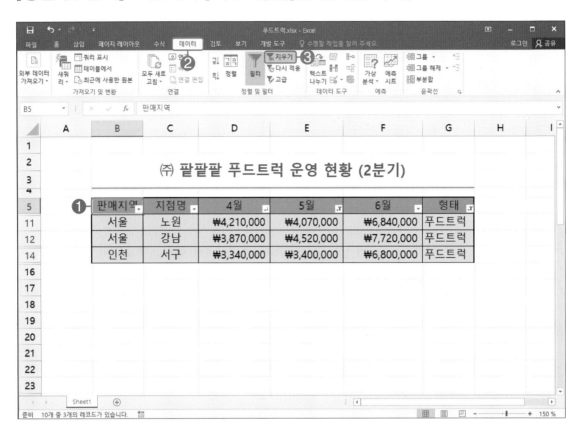

02 모든 데이터가 표시되는 것을 확인할 수 있습니다.

05 고급 필터

01 고급 필터는 조건식을 직접 작성하여 자동 필터보다 더 복잡한 조건을 지정할 수 있습니다. 고급 필터는 먼저 조건을 입력해야 합니다. [B19:C20] 영역에 다음과 같이 입력합니다.

	A	B	C	D	E	F	G	H	I
7		일본	도쿄	₩7,040,000	₩10,120,000	₩14,770,000	매장		
8		부산	해운대	₩6,740,000	₩8,730,000	₩13,980,000	매장		
9		서울	명동	₩5,880,000	₩6,420,000	₩14,570,000	매장		
10		부산	사직구장	₩4,350,000	₩6,710,000	₩9,100,000	푸드트럭		
11		서울	노원	₩4,210,000	₩4,070,000	₩6,840,000	푸드트럭		
12		서울	강남	₩3,870,000	₩4,520,000	₩7,720,000	푸드트럭		
13		서울	대학로	₩3,510,000	₩5,050,000	₩11,450,000	매장		
14		인천	서구	₩3,340,000	₩3,400,000	₩6,800,000	푸드트럭		
15		인천	인천공항	₩2,740,000	₩4,720,000	₩8,240,000	매장		
16									
17									
18									
19		형태	5월	입력					
20		매장	>7000000						
21									
22									

> **알아두기** 고급 필터의 조건 범위에 사용하는 필드명은 목록 범위의 필드명과 같아야 합니다.

02 [B5] 셀을 선택하고 [데이터] 탭-[정렬 및 필터] 그룹에서 [고급(📝)]을 클릭합니다.

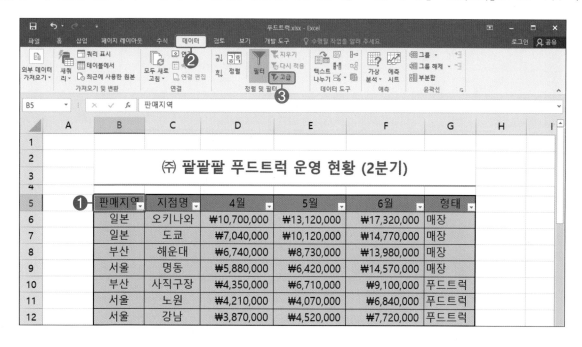

03 [고급 필터] 대화상자에서 '다른 장소에 복사'를 선택하고 [조건 범위]를 클릭한 후, [B19:C20] 영역을 드래그합니다. [복사 위치]를 선택하고 [B22] 셀을 클릭한 후, [확인] 버튼을 클릭합니다.

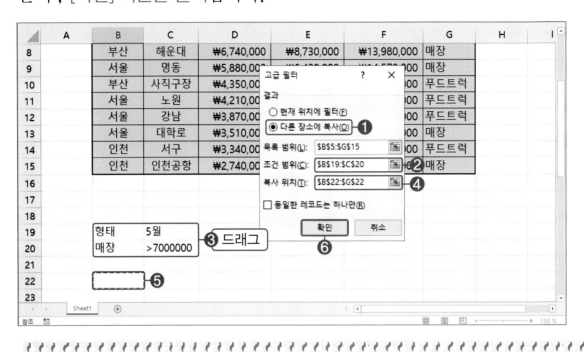

자동 필터는 원래의 데이터 위치에만 결과값의 표시가 가능하지만 고급 필터는 다른 위치에도 결과값을 표시할 수 있습니다.

04 지정한 [B22] 셀을 기준으로 '형태'가 '매장'이면서, '5월'이 '₩7,000,000'을 초과하는 데이터만 필터링 되어 표시되는 것을 확인할 수 있습니다.

	A	B	C	D	E	F	G	H	I
14		인천	서구	₩3,340,000	₩3,400,000	₩6,800,000	푸드트럭		
15		인천	인천공항	₩2,740,000	₩4,720,000	₩8,240,000	매장		
16									
17									
18									
19		형태	5월						
20		매장	>7000000						
21									
22		판매지역	지점명	4월	5월	6월	형태		
23		일본	오키나와	₩10,700,000	₩13,120,000	₩17,320,000	매장		
24		일본	도쿄	₩7,040,000	₩10,120,000	₩14,770,000	매장		
25		부산	해운대	₩6,740,000	₩8,730,000	₩13,980,000	매장		
26									
27									
28									
29									

비교 연산자

연산자	의미	연산자	의미
=	같음	>	보다 큼
>=	크거나 같음	<	보다 작음
<=	작거나 같음	<>	다름

고급 필터 조건 입력하기

같은 행에 조건을 입력하면 AND 조건으로써 입력한 조건을 모두 만족하는 데이터를 표시하고, 다른 행에 조건을 입력하면 OR 조건으로써 입력한 조건 주 하나라도 만족하는 데이터를 표시합니다.

• AND 조건 : '판매지역'이 '서울' 이면서, '형태'가 '푸드트럭'인 데이터를 추출합니다.

AND 조건	
판매지역	형태
서울	푸드트럭

판매지역	지점명	4월	5월	6월	형태
서울	노원	₩4,210,000	₩4,070,000	₩6,840,000	푸드트럭
서울	강남	₩3,870,000	₩4,520,000	₩7,720,000	푸드트럭

• OR 조건 : '판매지역'이 '서울' 이거나, '형태'가 '푸드트럭'인 데이터를 추출합니다.

OR 조건	
판매지역	형태
서울	
	푸드트럭

판매지역	지점명	4월	5월	6월	형태
서울	명동	₩5,880,000	₩6,420,000	₩14,570,000	매장
부산	사직구장	₩4,350,000	₩6,710,000	₩9,100,000	푸드트럭
서울	노원	₩4,210,000	₩4,070,000	₩6,840,000	푸드트럭
서울	강남	₩3,870,000	₩4,520,000	₩7,720,000	푸드트럭
서울	대학로	₩3,510,000	₩5,050,000	₩11,450,000	매장
인천	서구	₩3,340,000	₩3,400,000	₩6,800,000	푸드트럭

활용마당

⊙ 예제파일 : SD운송.xlsx ⊙ 결과파일 : SD운송(완).xlsx

❶ 파일을 열고 다음과 같이 데이터를 수정한 후, 정렬해봅니다.

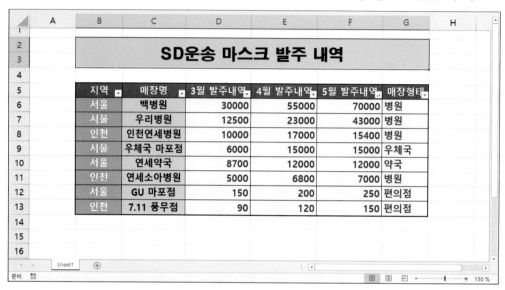

지역	매장명	3월 발주내역	4월 발주내역	5월 발주내역	매장형태
서울	백병원	30000	55000	70000	병원
서울	우리병원	12500	23000	43000	병원
인천	인천연세병원	10000	17000	15400	병원
서울	우체국 마포점	6000	15000	15000	우체국
서울	연세약국	8700	12000	12000	약국
인천	연세소아병원	5000	6800	7000	병원
서울	GU 마포점	150	200	250	편의점
인천	7.11 풍무점	90	120	150	편의점

❷ 다음과 같이 정렬한 후, '매장 형태'가 '편의점'인 데이터를 숨기고 부분합을 설정하여 평균을 구해봅니다.

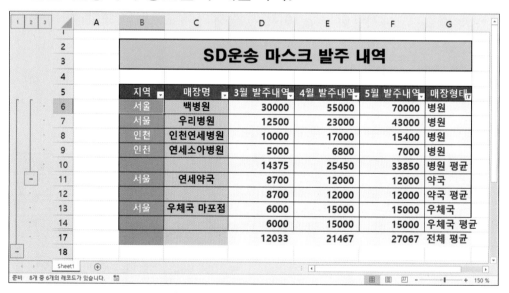

지역	매장명	3월 발주내역	4월 발주내역	5월 발주내역	매장형태
서울	백병원	30000	55000	70000	병원
서울	우리병원	12500	23000	43000	병원
인천	인천연세병원	10000	17000	15400	병원
인천	연세소아병원	5000	6800	7000	병원
		14375	25450	33850	병원 평균
서울	연세약국	8700	12000	12000	약국
		8700	12000	12000	약국 평균
서울	우체국 마포점	6000	15000	15000	우체국
		6000	15000	15000	우체국 평균
		12033	21467	27067	전체 평균

09 개체 만들기

스프레드시트에 워드아트나 그림, 스마트아트 등의 개체를 만들어 문서에 멋진 효과를 연출하는 방법을 알아보겠습니다.

⊙ 결과파일 : 개체 만들기(완).xlsx

01 워드아트

💬 워드아트 삽입

01 텍스트를 입력할 때 워드아트를 이용하면 멋진 텍스트 효과를 연출할 수 있습니다. [삽입] 탭-[텍스트] 그룹의 [WordArt(↗)]를 클릭한 후, '채우기 – 주황, 강조 2, 윤곽선 – 강조 2' 워드아트를 선택합니다.

02 '필요한 내용을 적으십시오' 라는 텍스트 상자가 나타나면 '엑셀 2016'이라 입력합니다.

💬 이동과 조정

01 워드아트 위로 마우스 포인터를 위치하고 마우스 포인터 모양이 ✛ 모양으로 변경되면 원하는 위치로 드래그합니다.

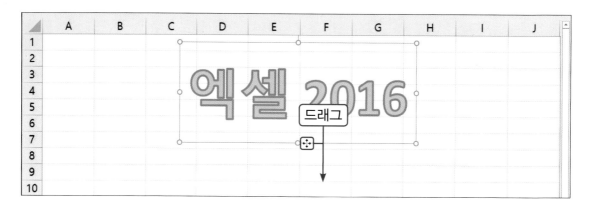

02 워드아트를 선택하면 [크기 조절 핸들(⊙)]이 표시됩니다. [크기 조절 핸들(⊙)]에 마우스 포인터를 위치하여 마우스 포인터 모양이 [크기 조절 포인터(⟷)]로 변경 되면 드래그하여 원하는 크기로 조절합니다.

03 워드아트를 선택하면 [회전 핸들(◉)]이 표시됩니다. [회전 핸들(◉)]에 마우스 포인터를 위치하여 마우스 포인터 모양이 [회전 조절 포인터(↻)]로 변경 되면 드래그하여 원하는 각도로 조절합니다.

💬 워드아트 꾸미기

01 입력한 [워드아트]를 클릭한 후, [그리기 도구]의 [서식] 탭–[WordArt 스타일] 그룹의 ▾을 클릭하고 [채우기 – 검정, 텍스트 1, 윤곽선 – 배경 1, 진한 그림 자 – 강조1]을 선택합니다.

02 [그리기 도구]의 [서식] 탭–[WordArt 스타일] 그룹에서 [텍스트 효과(가)]를 클릭하고 [네온]–[녹색, 5 pt, 강조색 6]을 선택합니다.

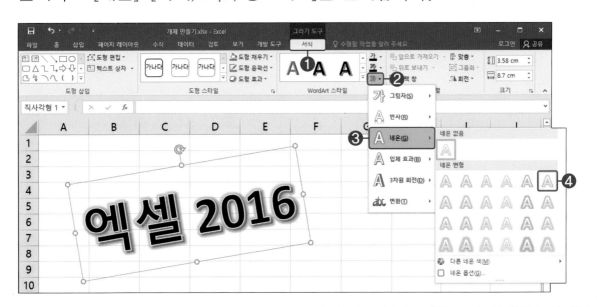

알아두기 개체 삭제
워드아트와 같은 개체는 클릭하여 선택한 후, ⎡Delete⎤ 키를 누르면 삭제됩니다.

02 그림 삽입

💬 온라인에서 그림 삽입하기

01 온라인에서 그림을 다운로드 받아 삽입할 수 있습니다. [삽입] 탭-[일러스트 레이션] 그룹에서 [온라인 그림(🖼️)]을 클릭합니다.

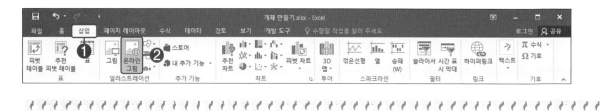

> **알아두기** 저장되어 있는 그림 삽입하기
>
> [삽입] 탭-[일러스트레이션] 그룹에서 [그림 삽입(🖼️)]을 클릭하면 [그림 삽입] 대화상자가 나타나 저장되어 있는 그림을 삽입할 수 있습니다.

02 [그림 삽입] 창이 나타나면 [Bing 이미지 검색] 창에 '인터넷'을 입력한 후, 검색(🔍)을 클릭합니다.

03 '인터넷'에 관한 이미지가 나타나면 원하는 그림을 선택한 후, [삽입] 버튼을 클릭합니다.

04 인터넷에서 그림을 다운로드하여 삽입된 것을 확인할 수 있습니다.

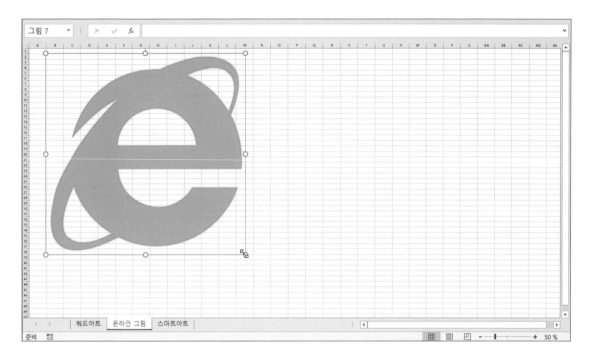

💬 그림 꾸미기

01 다운로드 받은 그림을 클릭하고, [그림 도구]의 [서식] 탭-[그림 스타일] 그룹의 ▼을 클릭한 후, [일반 프레임, 검정]을 선택합니다.

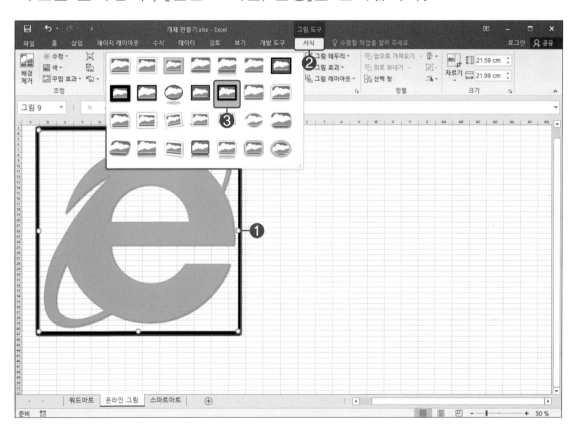

02 그림에 색 효과를 주기 위해 [그림 도구]의 [서식] 탭–[조정] 그룹에서 [색(■)]을 선택한 후, [흑백 75%]를 선택합니다.

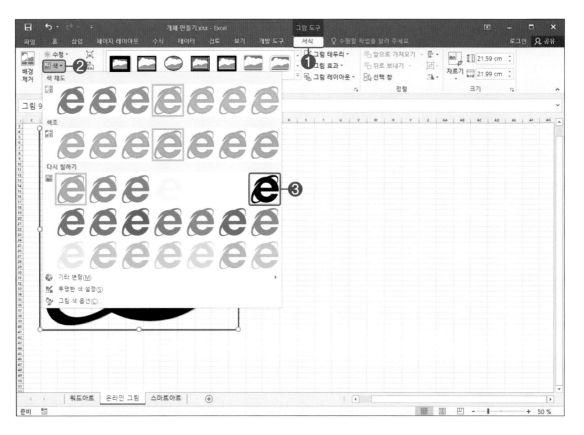

03 꾸미기 효과가 적용된 그림을 확인합니다.

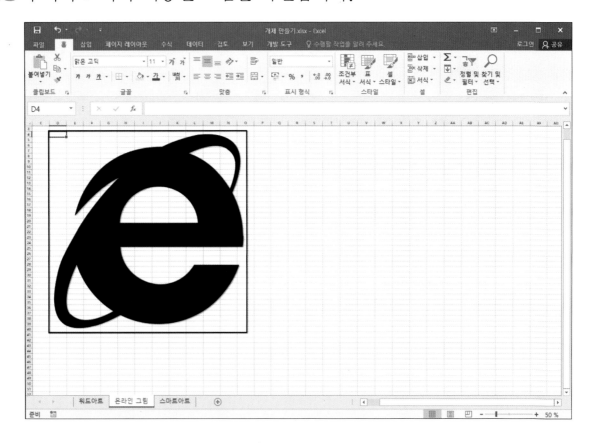

03   스마트아트

💬 스마트아트 삽입하기

01 스마트아트는 데이터를 그림이나 도형으로 이루어진 목록으로 표현하여 직관적인 정보 전달을 위한 도구입니다. 스마트아트를 삽입하기 위해 [삽입] 탭-[일러스트레이션] 그룹에서 [SmartArt(🖽)]를 클릭합니다.

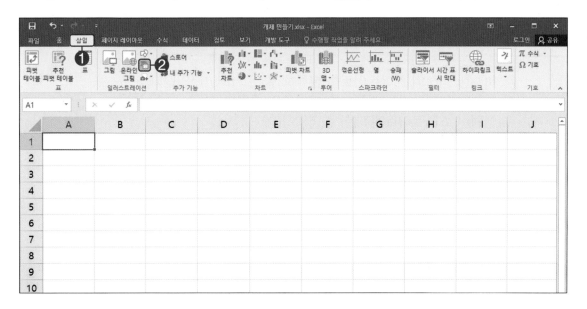

02 [SmartArt 그래픽 선택] 대화상자가 나타나면 대화상자에서 [관계형]-[육각형 클러스터형]을 선택하고 [확인] 버튼을 클릭합니다.

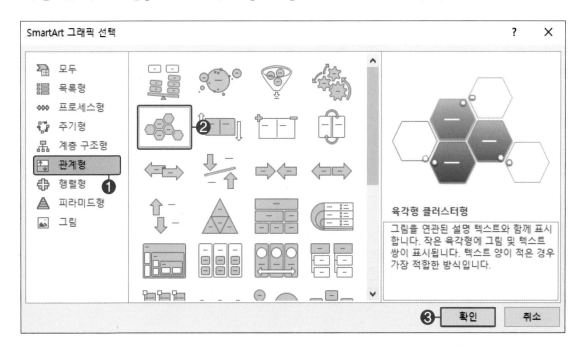

[SmartArt 그래픽 선택] 대화상자

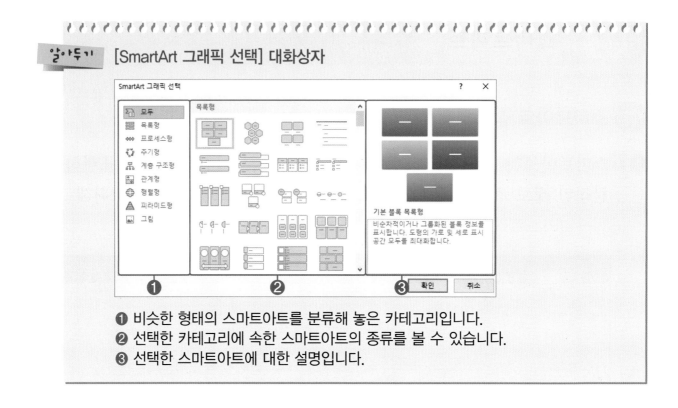

❶ 비슷한 형태의 스마트아트를 분류해 놓은 카테고리입니다.
❷ 선택한 카테고리에 속한 스마트아트의 종류를 볼 수 있습니다.
❸ 선택한 스마트아트에 대한 설명입니다.

03 스마트아트가 삽입되면 모서리의 [크기 조절 핸들( )]을 드래그하여 크기를
조절합니다.

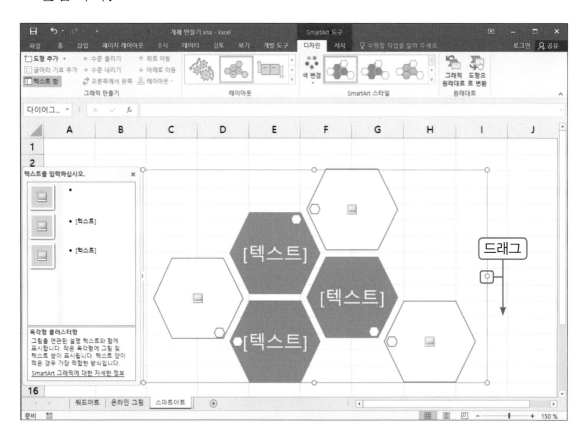

💬 스마트아트 작성

01 [텍스트를 입력하십시오.]라고 적힌 [텍스트 창]을 클릭한 후, 다음과 같이 데이터를 입력합니다.

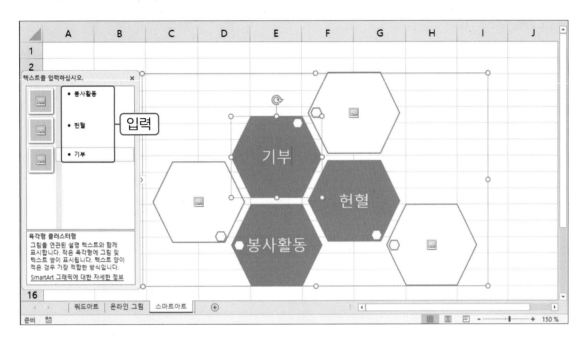

02 마지막 '육각형 클러스터'에 텍스트를 입력한 후, Enter 키를 누르면 새로운 육각형 클러스터가 생기며 단계가 추가됩니다.

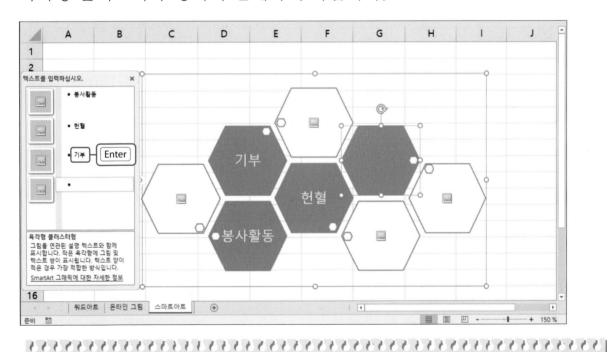

알아두기 스마트아트의 도형의 [텍스트]를 클릭한 후 텍스트를 입력할 수도 있습니다. 도형을 클릭한 후 텍스트를 입력 중 Enter 키를 누르면 글자의 크기가 작아지고 다음 줄로 넘어갑니다.

💬 스마트아트 꾸미기

01 삽입된 스마트아트를 선택한 후, [SmartArt 도구]의 [디자인] 탭–[SmartArt 스타일] 그룹에서 [색 변경(🎲)]을 클릭한 후, [색상형 범위 – 강조색 4 또는 5]를 선택합니다.

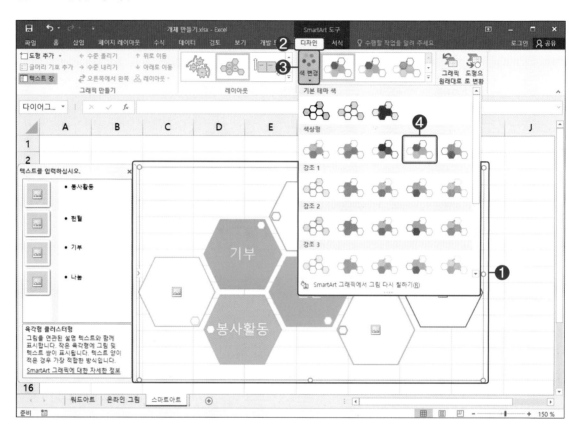

02 [텍스트 창]의 그림 삽입(🖼)을 클릭합니다. [그림 삽입] 창이 나타나면 [Bing 이미지 검색]을 이용하여 이미지를 삽입합니다.

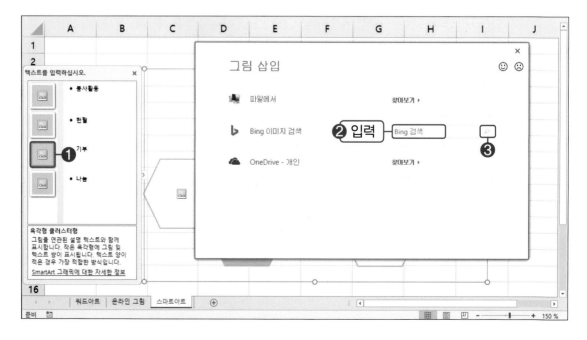

03 스마트아트를 선택한 후, [SmartArt 도구]의 [디자인] 탭-[SmartArt 스타일] 그룹의 ▾을 클릭한 후, [3차원]의 [만화] 스타일을 선택합니다.

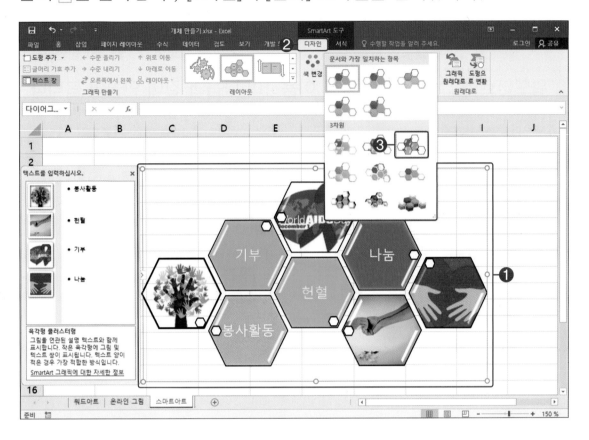

04 꾸미기가 적용된 스마트아트를 확인합니다.

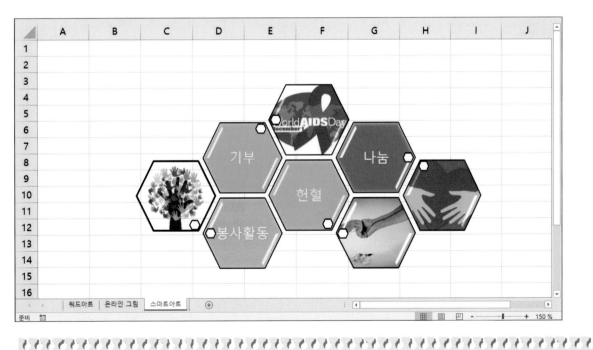

알아두기 스마트아트는 Microsoft사에서 제공하는 Office 시리즈(워드, 파워포인트, 엑셀)에서 호환이 가능하여 복사 붙여넣기가 가능합니다.

활용마당

◉ 결과파일 : 꽃들의 향연(완).xlsx

1 워드아트와 그림 삽입 기능을 이용하여 다음과 같이 만들어 봅니다.

◉ 결과파일 : 육하원칙(완).xlsx

2 스마트아트를 이용하여 다음과 같이 스마트아트를 만들고 꾸며봅니다.

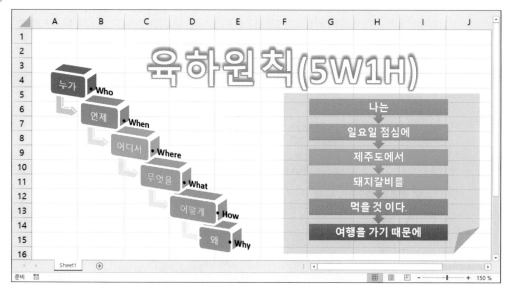

 [삽입] 탭-[일러스트레이션] 그룹에서 [도형(⬚)] : [기본 도형]-[모서리가 접힌 도형(⬚)]

10 차트 만들기

차트는 수치 데이터를 분석하여 그림으로 표현하는 것을 말합니다. 수치 데이터를 막대나 원 등으로 표현해주기 때문에 한눈에 파악할 수 있습니다. 차트를 만들고 꾸미는 방법에 대해 알아보겠습니다.

⊙ 예제파일 : 기부금.xlsx ⊙ 결과파일 : 기부금(완).xlsx

01 차트 작성

01 '기부금.xlsx' 파일을 불러온 후, [B4] 셀을 선택합니다. [삽입] 탭-[차트] 그룹에서 [추천 차트(📊)]를 선택합니다.

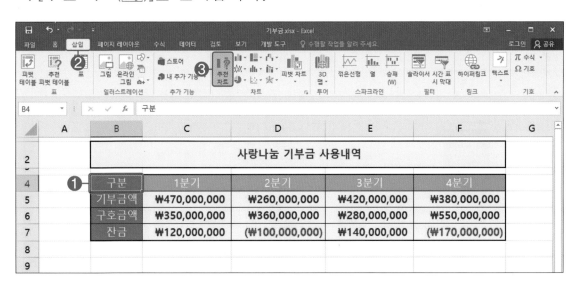

알아두기 **'차트 삽입' 바로 가기 키**

- Alt + F11 키를 누르면 현재 워크시트에 '세로 막대형 차트'를 삽입합니다.
- F11 키를 누르면 현재 워크시트 앞에 새로운 차트 시트에 '세로 막대형 차트'를 삽입합니다.

02 [차트 삽입] 대화상자가 나타나면 '묶은 세로 막대형 차트'를 선택한 후, [확인] 버튼을 클릭합니다.

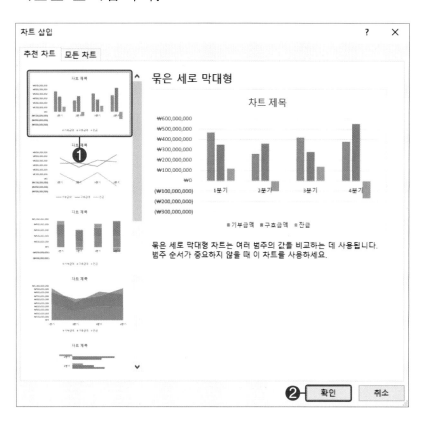

03 차트의 '잔금' 데이터를 삭제하기 위해 차트의 회색 막대를 클릭한 후, Delete 키를 누릅니다.

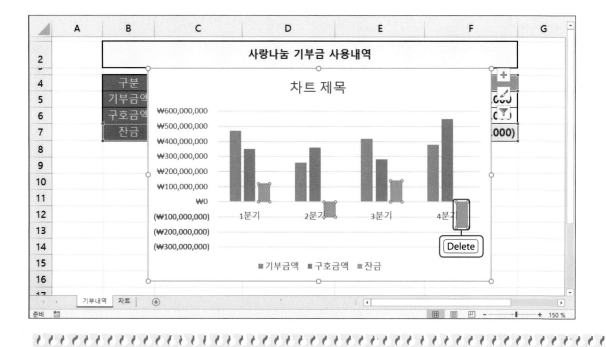

> **알아두기** 차트 생성 시 [B4:F6] 영역을 드래그한 후, [추천 차트(📊)]를 선택 생성하면 '잔금' 데이 터 없이 차트를 생성할 수도 있습니다.

02 차트 디자인

💬 차트 디자인 바꾸기

01 삽입된 차트를 선택한 후 [차트 도구]의 [디자인] 탭–[차트 레이아웃] 그룹에서 [빠른 레이아웃(📊)]을 클릭한 후, [레이아웃 2]를 선택합니다.

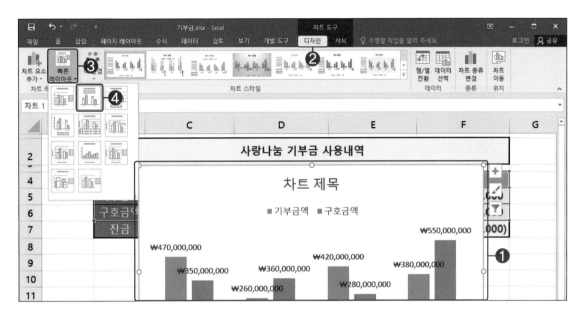

02 [차트 도구]의 [디자인] 탭–[차트 디자인] 그룹의 ▾을 클릭한 후, [스타일 10]을 선택합니다.

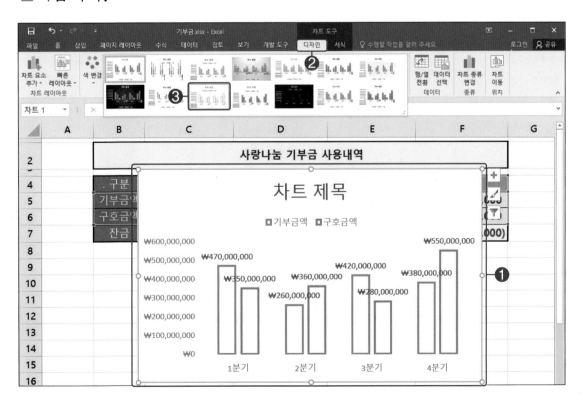

💬 차트 종류 바꾸기

01 차트 종류를 변경하기 위해 삽입된 차트를 선택한 후, [차트 도구]의 [디자인] 탭–[종류] 그룹에서 [차트 종류 변경(📊)]을 클릭합니다.

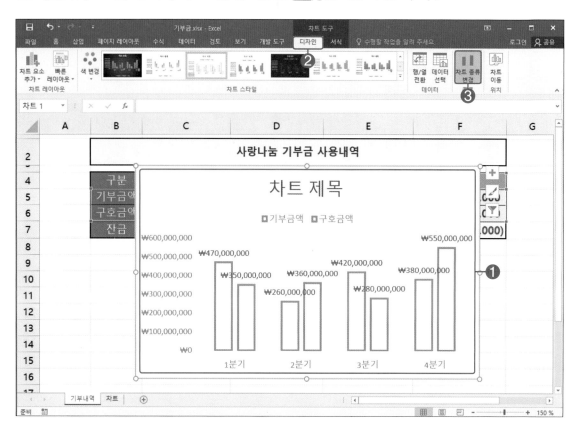

02 [차트 종류 변경] 대화상자가 나타나면 [콤보]–[사용자 지정 조합]을 선택하고, '구호금액'을 '표식이 있는 꺾은선형'으로 설정한 후, [확인] 버튼을 클릭합니다.

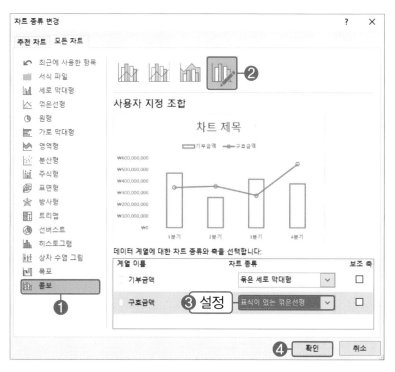

💬 차트 이동하기

01 삽입된 차트를 선택한 후, [차트 도구]의 [디자인] 탭–[위치] 그룹에서 [차트 이동(📊)]을 클릭합니다.

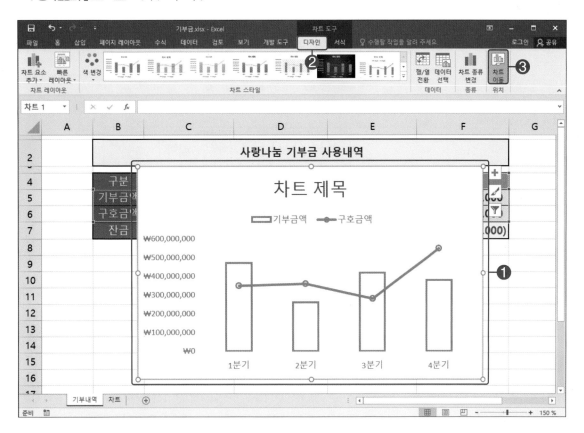

02 [차트 이동] 대화상자가 나타나면 [워크시트에 삽입]–[차트]로 설정한 후, [확인] 버튼을 클릭합니다.

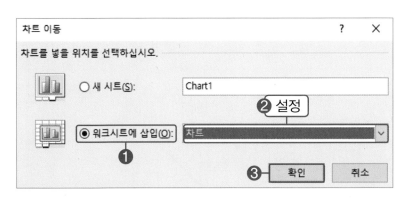

알아두기 [차트 이동] 대화상자에서 [새 시트]를 선택하면, 현재 워크시트 앞에 새로운 차트 시트를 만든 후, 차트 시트로 이동합니다.

💬 차트 제목

01 [차트 제목] 텍스트 상자를 클릭한 후, '기부금 사용 내역'을 입력합니다.

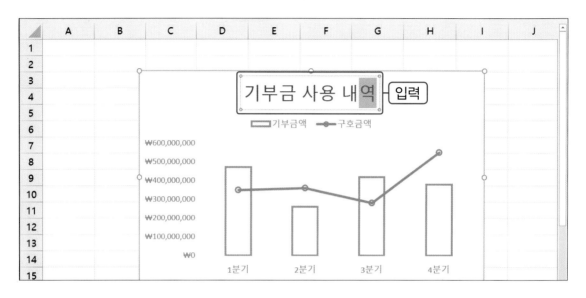

02 [차트 도구]의 [디자인] 탭–[차트 레이아웃] 그룹에서 [차트 요소 추가(📊)]를 클릭한 후, [차트 제목]–[없음]을 선택하여 차트 제목을 삭제합니다.

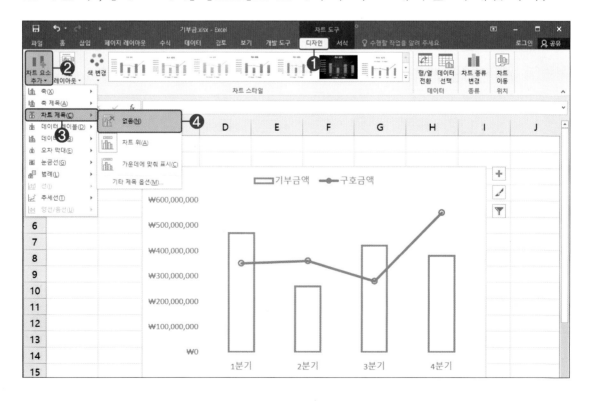

💬 차트 요소 추가하기

01 [차트 도구]의 [디자인] 탭–[차트 레이아웃] 그룹에서 [차트 요소 추가(📊)]를 클릭한 후, [범례]–[아래쪽]을 선택하여 범례를 아래로 이동합니다.

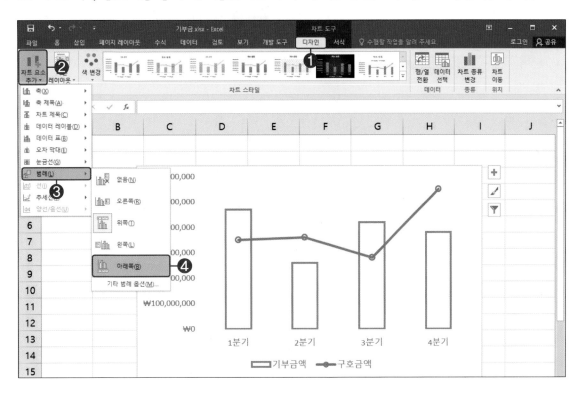

02 [차트 도구]의 [디자인] 탭–[차트 레이아웃] 그룹에서 [차트 요소 추가(📊)]를 클릭한 후, [데이터 레이블]–[축에 가깝게]를 선택하여 데이터 레이블을 추가합니다.

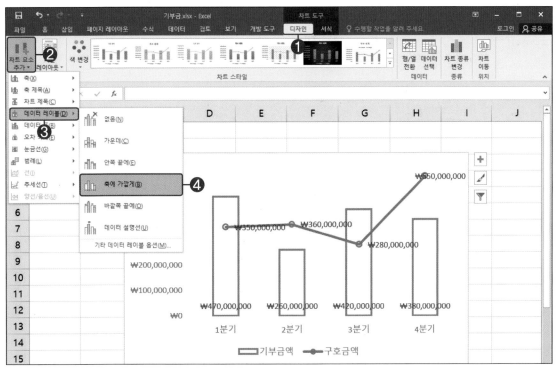

03 [차트 도구]의 [디자인] 탭–[차트 레이아웃] 그룹에서 [차트 요소 추가(📊)]를 클릭한 후, [축]–[기본 세로]를 선택하여 세로축을 삭제합니다.

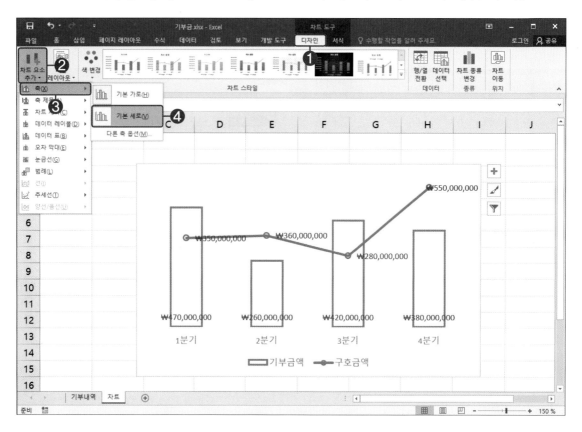

04 [차트 도구]의 [디자인] 탭–[차트 레이아웃] 그룹에서 [차트 요소 추가(📊)]를 클릭한 후, [눈금선]–[기본 주 세로]를 선택하여 세로 눈금선을 추가합니다.

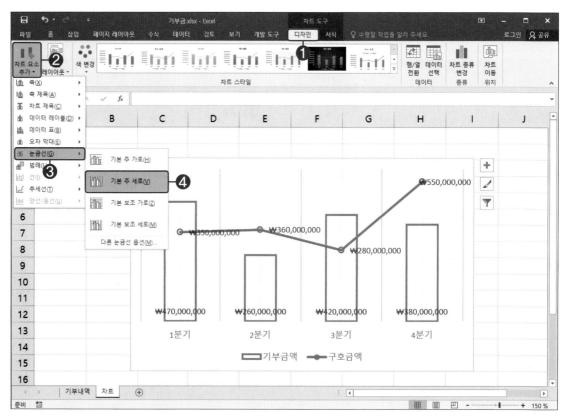

빠른 차트 서식 도구 모음

차트를 만들면 다음과 같은 차트 서식 도구 모음이 나타나 차트 수정을 도와줍니다.

- ⊞ : 차트 요소 추가(📊) 기능을 가지고 있습니다.

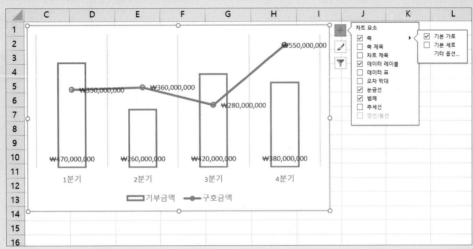

- ✏ : 차트의 스타일을 바꿀 수 있도록 도와줍니다.

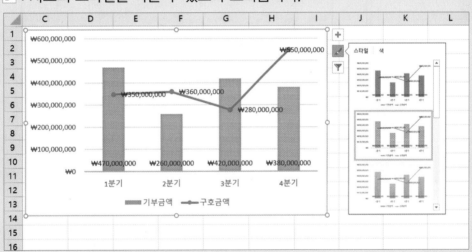

- ▽ : 차트의 값과 범주를 표시할 수 있는 필터 기능을 가지고 있으며, 감추려는 항목을 체크 후 [적용] 버튼을 클릭해야 합니다.

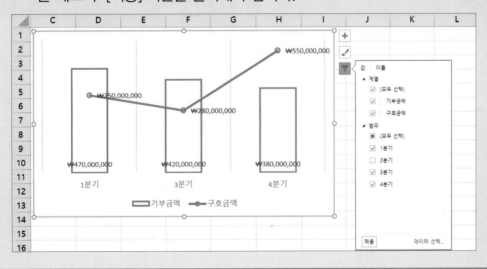

01 삽입된 차트를 선택합니다. [차트 도구]의 [서식] 탭-[도형 스타일] 그룹의 ▼
을 클릭한 후, [투명, 색 윤곽선 – 검정, 어둡게 1]을 선택합니다.

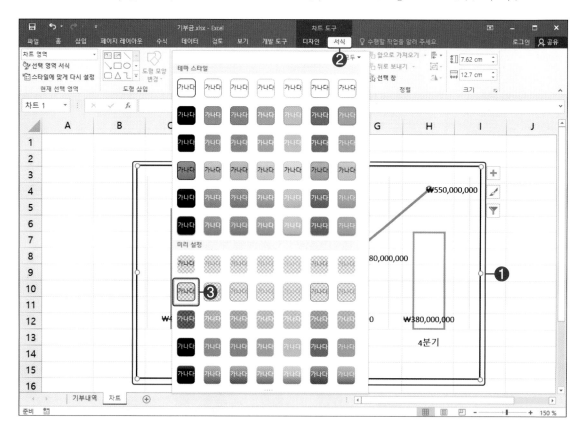

02 [차트 도구]의 [서식] 탭-[도형 스타일] 그룹에서 [도형 채우기(🖌)]의 ▼을 클릭
한 후, [파랑, 강조 1, 80% 더 밝게]를 선택합니다.

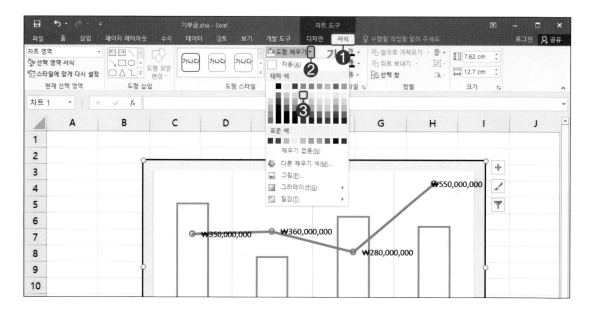

활용마당

◉ 예제파일 : 영업1팀.xlsx ◉ 결과파일 : 영업1팀(완).xlsx

1 파일을 열고 다음과 같이 차트를 작성해 봅니다.

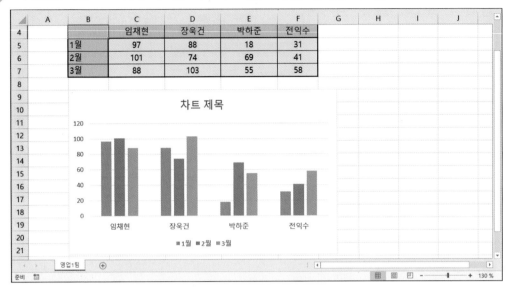

2 작성한 차트를 다음과 같이 꾸민 후, [실적 차트] 시트를 만들어 이동해 봅니다.

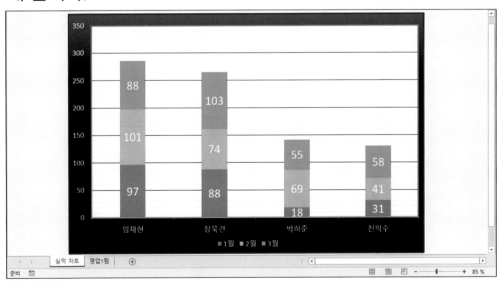

 글자의 속성은 [홈] 탭의 [글꼴] 그룹에서 수정할 수 있습니다.

예제 파일 내려받기

1_ 인터넷을 실행한 후, 시대인 홈페이지(www.edusd.co.kr)에 접속한 후, 로그인 합니다. 로그인을 한 후 홈페이지 위의 메뉴에서 [프로그램]을 선택합니다.

2_ 프로그램 자료실 화면이 나타나면 책 제목을 검색합니다. 검색된 결과 목록에서 해당 도서의 자료를 찾아 제목을 클릭합니다.

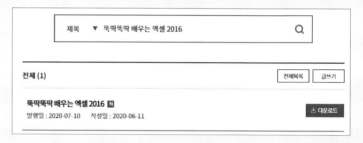

3_ 관련 페이지가 열리면 첨부 파일의 [다운로드] 버튼을 클릭하여 다운로드 합니다.

4_ 컴퓨터 내의 압축 해제 프로그램을 활용하여 압축을 해제합니다.

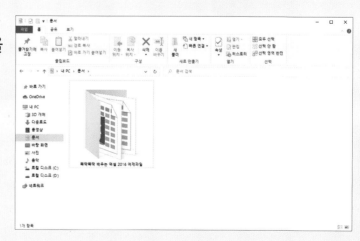

뚝딱뚝딱 배우는 엑셀 2016

초판2쇄 발행	2023년 05월 11일
초 판 발 행	2020년 07월 10일
발 행 인	박영일
책 임 편 집	이해욱
저 자	IT 교재 연구팀
편 집 진 행	정민아
표지디자인	김도연
편집디자인	신해니
발 행 처	(주)시대고시기획
출 판 등 록	제 10-1521호
주 소	서울시 마포구 큰우물로 75 [도화동 538 성지 B/D] 6F
전 화	1600-3600
홈 페 이 지	www.sdedu.co.kr

I S B N	979-11-254-7444-9 (13000)
정 가	10,000원